TRESSE, LIBRAIRE-ÉDITEUR
GALERIE DE CHARTRES, 10 ET 11, PALAIS-ROYAL.

PRIX : **50** CENTIMES   PRIX : **50** CENTIMES

ARISTOPHANE A PARIS

REVUE FANTAISISTE EN TROIS ACTES ET QUATORZE TABLEAUX

PAR

MM. CLAIRVILLE ET GASTON MAROT

Décors de M. ROBECCHI

MUSIQUE NOUVELLE DE M. DIACHE

Costumes de M. PARET et de Mme VASSEUR.

REPRÉSENTÉE POUR LA PREMIÈRE FOIS, A PARIS, SUR LE THÉATRE DU CHATEAU-D'EAU, LE 19 AVRIL 1873.

DISTRIBUTION DE LA PIÈCE :

ARISTOPHANE...............................	MM. Dailly.	LE PRINTEMPS. — LA FEMME DE FEU.— LA ROSIÈRE D'ICI...............	Mmes GABRIELLE ROSE.
CONRAD...................................	MERCIER.	LE JEU. — LE GÉNIE DRAMATIQUE.....	DAUDOIRD.
LE LION. — JOSEPH. — LES BRACONNIERS.	GOB'N.	CORALY. — AMANDA. — LA FILLE ANGOT................................	CL. LEMONNIER.
WILLIAM. — FRÉDÉRICK-LEMAITRE. CHOPART. — FULBERT...............	A. GUYON.	LA FEMME DE CLAUDE. — ÉLODIE......	BERTHELOT.
CHALAMEL. — BRIVAULT.................	MONDET.	FRANCINETTE.—LA PRINCESSE GEORGES.	
CARTOUCHE. — M. DE TROIS ÉTOILES..	PAULY.	UN GAMIN...........................	LORENTZ.
ANATOLE GOMMEUX. — AMAZAMPO....	GERMAIN.	NADA. — LISON.......................	CORALY.
CASTIGNOL. — UN TOURISTE............	JACOBS.	LE LOUVRE. — LA MARQUISE. — L'AIEULE.	IRMA.
TRIBOULET.— THÉOPHILE.— BALTHAZAR. — TRICOCLE ET CACOLET...........	PLET.	LE TAPIS ROUGE. — DALILA...........	BONNET.
RAMINOIS. — UN RÉGISSEUR...........	LINGUET.	LE COIN DE RUE. — ANAIS............	JENNY.
BANZET. — UN VIEUX MONSIEUR........		LE BON MARCHÉ......................	NOÉMIE.
FRANÇOIS Ier........................	BARATTE.	LA VILLE DE PARIS. — LA POULE AUX ŒUFS D'OR.........................	
DUBLEREAU. — BIGNOU.................	NICOLO.	LA DAME AUX CAMÉLIAS. — LE PETIT SAINT-THOMAS. — UN GACHEUR......	A. BRUN.
UN MAÇON. — BAPTISTE. — UN TITI...	POTIER.	LE PARADIS DES DAMES...............	BLANCHE.
UN EMPLOYÉ. — UN BOURGEOIS.......	ARMAND.	LE MAGASIN DU PRINTEMPS...........	SUZANNE.
UN VOITURIER........................	OULIN.		CÉLINA.
TROMBOLINE. — MADELEINE. — LA MÈRE ROT.............................	Mme TASSILLY.		

TOUS DROITS RÉSERVÉS

ACTE PREMIER

Premier Tableau.

Le théâtre représente une agence dramatique le dix du mois.

SCÈNE PREMIÈRE.

GASTIGNOL, LES COMMIS, RAMINOIS, DUBLEREAU, BARIZET, CHALAMEL, LES AUTEURS.

(Au lever du rideau, grand mouvement, allées et venues des auteurs aux commis et à la caisse.)

CHŒUR.

LES AUTEURS.
Que l'on s'empresse,
Allons, allons, l'heure nous presse.
Vite nos droits,
C'est aujourd'hui le dix du mois.

LES COMMIS.
Comme on nous presse,
Et quand chacun de nous s'empresse,
Tous à la fois
Ils arrivent le dix du mois.

DUBLEREAU, *bousculé par Raminois qui entre.*
Prenez donc garde.

RAMINOIS.
Eh! rangez-vous!

BARIZET, *tenant un bordereau.*
C'est un mois ordinaire.

CHALAMEL, *à un commis.*
Mon bordereau, dépêchons-nous.
(Bousculé par Raminois.)
Ouf!

RAMINOIS.
Pardon, cher confrère.

REPRISE DU CHŒUR.
Que l'on s'empresse,
Etc., etc.

DUBLEREAU.
Quelle foule! c'est à ne pas s'y reconnaître!

BARIZET.
Ah! dame, le jour où tous les auteurs dramatiques viennent ici toucher leurs droits....

DUBLEREAU.
Nul n'est en retard. C'est tout le Parnasse qui descend au Pactole.

CHALAMEL.
Le Pactole! Il est joli le Pactole!... Savez-vous à combien se monte mon bordereau?... A 21 francs! Et j'ai été joué quinze fois au théâtre des Nouveautés! Et j'étais seul!

RAMINOIS, *à Gastignol.*
Comment, je ne gagne que dix mille francs ce mois-ci?

CHALAMEL, *se retournant.*
Que dix mille francs?...

BARIZET.
Ah! c'est le célèbre Raminois!

DUBLEREAU.
La singulière chose qu'une agence dramatique...

AIR : *Adieu, je vous fuis, bois charmant.*
C'est ici que chacun de nous
Doit cesser de s'en faire accroire,
Car ici se trouve pour tous
Le thermomètre de la gloire.

CHALAMEL.
Mais ce thermomètre, ma foi,
Est fort difficile à comprendre :
Pour vous tous il monte, et pour moi
Jamais il ne fait que descendre.
Quand il monte pour vous, pour moi
Jamais il ne fait que descendre! } *bis.*

BARIZET.
Ce pauvre Chalamel!

SCÈNE II.

LES MÊMES, BALTHAZAR.

BALTHAZAR, *entrant.*
Place! place! Y en a-t-il encore pour moi!

RAMINOIS.
Comment, Balthazar?

TOUS.
Balthazar!

RAMINOIS.
Ah! ça, d'où diable viens-tu, il y a un siècle...

BALTHAZAR.
Je viens de Bruxelles où j'ai fait recevoir une pièce parisienne.

BARIZET.
Tu fais recevoir tes pièces parisiennes en Belgique?

BALTHAZAR.
Que voulez-vous, les directeurs de nos théâtres ne jouent plus que des pièces iroquoises, les grands succès parisiens nous arrivent tous de l'étranger. Je ne dis pas ça à propos du *Corsaire noir*. Ah! c'est égal, il est doux de se retrouver chez soi.

AIR : *Dans un grenier.*
Car, mes amis, il n'est rien en ce monde
De comparable à notre beau Paris.
Interrogez chaque peuple à la ronde :
Tous vous diront que c'est le paradis.
Moi, je fais fi de la terre étrangère;
Mais les écus nous attirent partout;
Et je m'écrie, en passant la frontière :
« Je suis Français, la Belgique avant tout. » (*bis*)

Ah! ça, mais dites-donc, à propos du *Corsaire noir*, il s'est passé du nouveau depuis mon départ... il paraît que vous avez eu deux grandes assemblées au foyer des Variétés et à la salle Herz pour un nouveau directeur qui ne voulait jouer que ses pièces...

CHALAMEL.
Il avait raison.

LES AUTRES.
Il avait tort.

CHALAMEL.
Comment, il avait tort?... Mais à votre compte, si Molière revenait au monde, il ne pourrait donc pas se jouer?

RAMINOIS.
Ah! voilà le grand mot lâché!

AIR : *Qu'il est flatteur d'épouser celle.*
En tout lieu, mais surtout en France,
Les auteurs, les compositeurs,
En leur mérite ont confiance.
Et quand ils se font directeurs,
Ils pensent se couvrir de gloire,
En accaparant notre part.

Leur grand malheur est de se croire
Et des Molière et des Mozart.

DUBLEREAU.
Il a raison. (*Il sort.*)

CHALAMEL.
Eh bien, moi, je prendrai un théâtre, quand je serai directeur, je ne jouerai que mes pièces; nous verrons si l'on m'en empêche...

BARIZET.
Dites-donc, serez-vous sûr alors de gagner 21 francs.

CHALAMEL.
Ah! comme c'est malin!

DUBLEREAU, *revenant tout effaré.*
Qu'est-ce que ça veut dire?...

TOUS.
Quoi donc?

DUBLEREAU.
Messieurs! messieurs! Un Grec est dans l'escalier!

GASTIGNOL.
Un grec! fermons la caisse!

DUBLEREAU.
Mais non, non... il ne s'agit pas... je vous parle d'un vrai Grec, d'un Grec de Thèbes ou d'Athènes...

CHALAMEL.
De la tragédie, il n'en faut plus!

DUBLEREAU.
Et tenez, entendez-vous, il monte... (*La porte s'ouvre.*) le voilà!...

SCÈNE III.
LES MÊMES, ARISTOPHANE.

CHŒUR.

AIR :

O ciel! sous ce costume antique,
Que nous veut l'homme que voici?
Dans une agence dramatique,
Peut-on se présenter ainsi! (*Bis.*)

ARISTOPHANE, *saluant.*
Pardon, mais je crois m'apercevoir que ma présence cause ici quelque surprise...

RAMINOIS.
En effet.

BARIZET.
Nous ne saurions vous le dissimuler...

ARISTOPHANE.
Et je le comprends. Mais avant de vous en donner l'explication, veuillez me dire s'il est vrai que les auteurs dramatiques possèdent aujourd'hui, à Paris, une agence chargée de percevoir leurs droits.

GASTIGNOL.
Rien n'est plus vrai.

CHALAMEL.
Ils en possèdent même deux.

ARISTOPHANE.
Et je suis dans l'une de ces deux agences?

GASTIGNOL.
Oui, monsieur.

ARISTOPHANE.
Veuillez me faire connaître le maître de céans.

GASTIGNOL.
Il est absent, mais je le remplace.

ARISTOPHANE.
En ce cas, monsieur, veuillez faire mon compte.

GASTIGNOL.
Volontiers. Mais avant de faire votre compte, je désirerais savoir votre nom...

ARISTOPHANE.
Aristophane.

TOUS.
Aristophane!

GASTIGNOL.
Pardon, mais... (*Appelant un commis.*) Ribochet!... voyez donc si vous trouvez ce nom sur nos livres...

ARISTOPHANE.
Je ne sais pas si mon nom se trouve sur vos livres, mais je sais que l'une de mes pièces se trouve sur une de vos affiches...

RAMINOIS.
Plutus?

ARISTOPHANE.
C'est cela même.

LES AUTEURS.
Comment, vous seriez?...

ARISTOPHANE.
Je suis Aristophane.

DUBLEREAU.
L'auteur grec?

RAMINOIS.
Qui vivait sous l'archonte Dioclès quatre cents ans avant l'ère chrétienne?...

ARISTOPHANE.
C'est moi!

CHALAMEL.
Mais ça vous ferait aujourd'hui 2,283 ans...

ARISTOPHANE.
C'est mon âge.

CHALAMEL.
On ne vous les donnerait pas.

ARISTOPHANE.
Oh! l'on se conserve assez bien aux Champs Elysées...

CHALAMEL.
Vous arrivez de la barrière de l'Etoile?

ARISTOPHANE.
Non, d'un endroit où les étoiles n'ont plus de barrières...

RAMINOIS.
De l'Empyrée?

ARISTOPHANE.
De l'Empyrée.

BARIZET.
Et quel merveilleux hasard vous en a fait descendre?...

ARISTOPHANE.
Un simple caprice... Nous avons là-haut une grande liberté d'action... et nous nous y trouvons si bien que jamais nous ne songeons à redescendre sur la terre. Cependant nous entendions si souvent parler de Paris, que le désir nous est venu de le connaître, et c'est à moi que la mission de juger Paris fut confiée...

RAMINOIS.
A vous, le plus grand poète comique de l'antiquité!... Paris n'a qu'à bien se tenir!...

CHALAMEL.
Donc, c'est en qualité de reporter que vous nous arrivez?...

ARISTOPHANE.
Reporter?... Je ne comprends pas ce mot...

CHALAMEL.
Il est vrai que ce mot n'est ni grec, ni français; personne ne le comprend, comme beaucoup de choses que vous verrez ici; mais, sans le comprendre, on sait ce qu'il veut dire. Reporter signifie un agent chargé de recueillir des nouvelles, de prendre des notes sur ce qui se passe dans le monde parisien...

ARISTOPHANE.
Soit, je suis le reporter de l'Empyrée... et à ce titre, veuillez, je vous prie, me donner quelques renseignements. (*Il tire un ca-*

lepin de sa poche.) Les auteurs dramatiques sont-ils nombreux à Paris ?

BARIZET.

S'ils sont nombreux ?

DUBLÉREAU.

Notre société seulement se compose de neuf cents membres...

ARISTOPHANE.

Neuf cents !... bonté divine !... Mais, à Athènes, nous n'étions que dix ou douze !... Vous avez donc beaucoup de théâtres ?...

RAMINOIS.

De théâtres sérieux, pas beaucoup !... à Paris, une quinzaine au plus... mais il s'en ouvre tous les jours dans tous les quartiers... et de plus nous avons de cent soixante à cent quatre-vingts cafés-concerts où tous les soirs on joue la comédie...

ARISTOPHANE.

La comédie dans des cafés ?

CHALAMEL, *noblement.*

Ah ! dame... c'est que nous avons la liberté des théâtres !...

ARISTOPHANE.

Air : *C'est en tremblant que j'ai lu cette lettre.*

La liberté, nous l'avions dans Athènes ;
Mais pour y bien loger ses dieux,
A notre peuple il fallait des arènes,
De grands palais, des temples merveilleux.
A recevoir Melpomène et Thalie,
On nous voyait mettre quelque fierté.
Ce n'est qu'afin d'illustrer sa patrie } *bis.*
Qu'un peuple doit vouloir la liberté !

UN EMPLOYÉ.

Nous n'avons pas Aristophane sur nos livres...

GASTIGNOL.

Ah ! j'en étais bien sûr !... je connais tous nos clients... Par ainsi, monsieur...

ARISTOPHANE.

Ça ne fait rien, puisque me voilà...

GASTIGNOL.

Comment, vous voilà ?

ARISTOPHANE.

Oui, puisque je viens en personne vous demander ce qui m'est dû...

GASTIGNOL.

Mais il ne vous est rien dû !...

ARISTOPHANE.

Comment, rien ?

GASTIGNOL.

Non, monsieur. D'abord, pour toucher des droits d'auteur, il faut être de la société des auteurs...

ARISTOPHANE.

Ah ! les auteurs qui ne sont pas de la société ne touchent pas de droits ?...

GASTIGNOL.

Non, monsieur.

ARISTOPHANE.

Très-bien... Et comment faut-il s'y prendre pour faire partie de la société ?

GASTIGNOL.

D'abord, il faut adresser au comité une demande apostillée de deux membres de l'association...

ARISTOPHANE.

Bon !

GASTIGNOL.

Dans cette demande, il faut prouver que l'on a été joué sur un théâtre.

ARISTOPHANE.

Cela m'est facile. J'ai eu cinquante-six pièces représentées à Athènes.

GASTIGNOL.

Celles-là ne comptent pas.

ARISTOPHANE.

Comment, elles ne comptent pas ?... Mais ce sont mes pièces que vos auteurs prennent pour faire les leurs.

GASTIGNOL.

Ils en ont le droit.

ARISTOPHANE.

Le droit ?

GASTIGNOL.

Vos pièces sont tombées dans le domaine public.

ARISTOPHANE.

Tombées !

GASTIGNOL.

Elles appartiennent à tout le monde.

ARISTOPHANE.

Excepté à moi ?

GASTIGNOL.

Vous en avez toujours la gloire.

ARISTOPHANE.

Mais je cesse d'en avoir le profit.

GASTIGNOL.

Dame !

ARISTOPHANE.

Parfait ! (*S'apprêtant à écrire.*) Vous permettez ?

GASTIGNOL.

Comment donc...

ARISTOPHANE, *écrivant.*

« A Paris, ceux qui font les pièces n'en touchent pas les droits. »

TOUS.

CHŒUR.

C'est bien Aristophane,
Son esprit, critiquant toujours,
Raille, juge et condamne
Encore de nos jours.

ARISTOPHANE.

Pardon, messieurs, pardon, je me retire.
Jadis je raillais les anciens ;
Voyons si Paris me fait rire.
Le censeur des Athéniens
Va juger les Parisiens.

REPRISE DU CHŒUR.

C'est bien Aristophane,
Etc., etc., etc.

CHALAMEL, *bas à Aristophane.*

A vous, mon cher, je m'intéresse ;
Collaborons, venez me voir.

ARISTOPHANE.

Grand merci !

CHALAMEL.

Vous ferez la pièce,
Moi, je la ferai recevoir !

ARISTOPHANE, *à part.*

Prenons bien garde à mon mouchoir !

(*Parlé.*) Nous verrons ça. Messieurs, j'ai bien l'honneur...

REPRISE DU CHŒUR.

(*Sortie. — Changement.*)

Deuxième Tableau.

Un jardin. — Pavillon à droite.

SCÈNE PREMIÈRE.

UN DOMESTIQUE.

(Il entre par le pavillon en tenant un journal; lisant :)

« On parle de remplacer le cache-peigne par une longue crinière adaptée aux chignons des dames, et que l'on nommerait : « Suivez le panache ! » En ont-ils de ces inventions, en ont-ils ?... Et dire que ma maîtresse suit toutes ces modes-là !... Elle passe sa vie à s'habiller et à se déshabiller. (*Voyant entrer Coraly.*) Oh ! c'est elle !

SCÈNE II.

LE DOMESTIQUE, CORALY.

(Elle entre par le pavillon. — Elle porte une toilette excentrique.)

CORALY.
Baptiste !

LE DOMESTIQUE.
Médème !

CORALY.
A-t-on apporté ma pommade *Princesse Georges* ?

LE DOMESTIQUE.
Oui, médème.

CORALY.
Ma tournure *Angot*, mes savons *Femme de Claude*, et mes pâtes *Petite Reine* ?

LE DOMESTIQUE.
Oui, médème.

CORALY.
Ah ! êtes-vous passé chez mon marchand de couleurs ?...

LE DOMESTIQUE, *montrant un paquet.*
Voilà ce qu'il m'a donné.

CORALY.
C'est bien, laissez-moi.

(*Le domestique sort.*)

SCÈNE III.

CORALY, puis ARISTOPHANE.

CORALY, *s'asseyant et ouvrant un paquet duquel elle retire des couleurs.*

Ce marchand m'aura-t-il comprise ? Et moi-même, me suis-je bien expliqué cette recette que je tiens de Cora ? Voici le bistre pour cerner les yeux... le pourpre pour les lèvres et les narines, le blanc anémique...

(*Elle tire ces objets et un petit miroir.*)

ARISTOPHANE, *entrant.*
Une Parisienne ! Me voilà bien loin des mœurs d'Athènes, et c'est ici qu'il faut une attention... Lire dans le cœur d'une femme, est-il rien de plus difficile ?

CORALY, *elle a étendu les couleurs sur une palette.*
Oui, c'est bien cela, et si je suis assez adroite pour m'en bien servir...

ARISTOPHANE.
Que fait-elle donc ? Des couleurs, une palette, des pinceaux ; mais je ne vois ni toile, ni chevalet.

CORALY, *se maquillant.*
Oui, voilà le teint de mademoiselle Pierson, quand on la sortait de l'eau dans la *Comtesse de Sommerive*... Quelqu'un !... Ah ! pardon, monsieur, je ne vous voyais pas...

ARISTOPHANE.
C'est moi, madame, qui dois m'excuser...

CORALY.
Mais je ne comprends pas... ce costume... sommes-nous en carnaval ?

ARISTOPHANE.
Oui et non. J'arrive d'un pays où la mode est des plus capricieuses, et vous savez que la mode fait de la vie des heureux de ce monde un éternel carnaval...

CORALY.
Et vous êtes un heureux de ce monde ?

ARISTOPHANE.
Oui, autant que l'on peut y être heureux !

CORALY.
Soyez le bien-venu.

ARISTOPHANE.
Madame est artiste ?

CORALY.
Moi ?

ARISTOPHANE.
Je vous voyais préparant des couleurs, et ne voyant pas de tableaux, je me demandais...

CORALY.
Vous vous demandiez ?

ARISTOPHANE.
Ce que madame allait peindre...

CORALY.
Ce que j'allais peindre... Mais, moi, mon cher.

ARISTOPHANE.
Vous ?

CORALY.

AIR : *du Piège.*

Vous parlez de mode, et je dois
Vous apprendre qu'il est d'usage
Qu'une femme de mois en mois
Change l'aspect de son visage.
Conseillez-moi... Quel serait votre goût ?

ARISTOPHANE.
Sans décliner l'honneur que vous me faites,
Si vous vouliez me charmer avant tout...
Je vous dirais : Restez ce que vous êtes !

CORALY.
Mauvais conseil, cher monsieur, les hommes n'aiment aujourd'hui que les femmes qui ne se ressemblent plus ! (*Rires dans la coulisse.*) Ah ! pardon ! j'avais oublié... quelques-unes de mes amies que j'attends...

ARISTOPHANE.
Qu'elles soient les bienvenues !...

SCÈNE IV.

LES MÊMES, NADA, ELODIE, FRANCINETTE.

CHŒUR.

Il faut, pour égayer la vie,
Ne répéter que ce refrain :
Encore aujourd'hui la folie,
Et nous serons sages demain !

NADA.
Ah ! regardez donc, mesdames !...

FRANCINETTE.
Tiens ! un Grec !

ELODIE, *à Coraly.*
Tu connais des Grecs ?

CORALY.

Ma foi, je n'ai pas encore eu le temps de demander à monsieur ni ce qu'il est, ni ce qu'il vient faire ici.

ARISTOPHANE.

Ce que je suis ?... Je suis reporter...

TOUTES, l'entourant.

Un journaliste !

NADA.

Ah ! vous me ferez un article...

FRANCINETTE.

Il me faut une réclame.

ÉLODIE.

Je vous ferai connaître une histoire que vous raconterez...

ARISTOPHANE.

Une histoire ?... (Prenant place au milieu du théâtre.) Voyons l'histoire...

(Toutes entourent Aristophane.)

ÉLODIE.

Faut-il nommer la personne ?

ARISTOPHANE.

Pourquoi pas ? J'ai lu, tout à l'heure cette phrase dans un journal : « L'indiscrétion est un devoir ! »

ÉLODIE.

C'est que c'est ma meilleure amie...

ARISTOPHANE.

Raison de plus...

ÉLODIE.

Eh bien, mon héroïne est connue dans le monde sous le nom de Larifla fla fla...

ARISTOPHANE, qui a pris son calepin.

C'est un joli nom. Je l'inscris...

ÉLODIE.

Hier, en la quittant, son nouveau... Comment dirai-je ?

ARISTOPHANE.

Comme vous voudrez.

ÉLODIE.

Son nouveau... volontaire... Ça vous est égal ?

ARISTOPHANE.

Ça ne me fait rien du tout.

FRANCINETTE.

Pas volontaire d'un an... d'un mois, de huit jours...

ÉLODIE.

Enfin... son nouveau mari déposa, en la quittant, mille francs sur le marbre de sa cheminée... Larifla fla fla n'y fit pas attention, et, dans le courant de la journée, un jeune clerc d'huissier fut introduit dans son salon. Il vit les mille francs... une idée lui vint de faire le galant avec les mille francs laissés par l'autre...

ARISTOPHANE.

Arrêtez... Cette histoire est vieille comme le monde...

TOUTES.

Vieille ?

ARISTOPHANE.

Elle est arrivée à Laïs... Seulement, il ne s'agissait pas d'une misérable somme d'argent ; c'était toute une parure de diamants qu'Aristipe avait oubliée chez elle, et ce fut Alcibiade qui en profita.

ÉLODIE.

Ah !

NADA.

Comme on se répète !

FRANCINETTE.

Eh bien, je vais vous en dire une meilleure. Vous connaissez toutes la superbe Hortense, la femme de Paris la plus riche et la plus éhontée ?... celle qui a fait le plus de bruit et de scandale, même dans un monde qui ne s'effarouche pas facilement... eh bien, tout dernièrement, dans un dîner au café Anglais, où se trouvaient une cinquantaine d'hétaïres et de petits crevés, ne s'est-elle pas avisée tout à coup de devenir vertueuse ?... et, toute couverte d'or, éblouissante de diamants, n'a-t-elle pas osé faire un discours sur les vertus de la classe indigente, les charmes de l'innocence et les délices de la pauvreté !

ARISTOPHANE.

Mais c'est l'histoire d'Aspasie que vous me racontez-là ?

TOUTES.

D'Aspasie ?

ARISTOPHANE.

Les femmes se suivent et se ressemblent. Seulement, encore, elle ne s'adressait pas à une cinquantaine de rien du tout ou de pas grand chose. C'était aux sages de la Grèce qu'elle prêchait la morale... sans la pratiquer.

Air : Du Cabaret.

C'était un astre, une merveille
Elle semblait dire à peu près :
Faites ce que je vous conseille ;
Ne faites pas ce que je fais.
Et tout l'or d'un peuple imbécile
Dans ses charmantes mains passa.

CORALY.

Certes, la morale est facile,
Quand on la prêche comme ça !

TOUTES.

Vraiment, la morale est facile,
Quand on la prêche comme ça !

NADA.

Voyons donc, monsieur le savant, si vous trouverez dans l'antiquité un trait pareil à celui que je vais vous dire : Au dernier carnaval, chez le petit marquis de Bois-Brûlé, la toute belle Olympia parut en sauvage avec un costume cueilli chez son plumassier, et...

ARISTOPHANE, l'interrompant.

N'allez pas plus loin, chère demoiselle...

Air : de la Petite Sœur.

Ce trait n'est pas des plus nouveaux :
Jadis, avec plus de courage,
Dans Athènes, à la fleur de l'âge,
Comme Vénus sortant des eaux,
Phryné parut devant l'aréopage !
L'aréopage !

CORALY.

Nous n'imiterons pas cela,
Car la garde municipale
Pourrait s'écrier : Halte-là !
Si nous allions, sous ce costume-là,
A l'Assemblée nationale !
Nationale !

NADA.

Ah ! ça, mais nous n'avons donc rien qui soit à nous ?

CORALY.

Nous ne faisons donc qu'imiter nos anciennes ?

ARISTOPHANE.

Et en petit, en bien petit !

SCÈNE V.

LES MÊMES, GOMMEUX.

(Costume impossible. En guise de clef de montre, un revolver.)

GOMMEUX.

Du monde ! Un homme auprès d'elle !

TOUTES.

Anatole !

GOMMEUX, à Aristophane.
Qui êtes-vous, monsieur ?

ARISTOPHANE.
Aristophane. Et vous ?

GOMMEUX.
Je suis Anatole Gommeux. J'arrive des courses. (A Coralie.) J'espérais, madame, vous trouver au tir aux pigeons.

ARISTOPHANE.
Pardon, monsieur, vous avez un singulier costume ?

GOMMEUX.
Dernier numéro du journal des Modes : Le veston Coupé du roi de Thulé, le pantalon Je ne peux pas le mettre, le chapeau Va comme tu voudras, les bottines Tire-toi de là, la chemise Barbue, le col Entrée gratuite, le lorgnon Je n'y vois pas, les gants V'là qu'ça craque, et la canne Je suis l'en bonheur. Tout ce qu'il y a de plus nouveau.

ARISTOPHANE, montrant le revolver.
Mais qu'est-ce donc que cela ?

GOMMEUX.
Le revolver Tue-la !

FRANCINETTE.
Où tu l'es...

GOMMEUX.
Non pas. Pour moi ce n'est pas le revolver Tue-la, ni le revolver Tue-les, c'est le revolver Je me tue... Monsieur, êtes-vous l'amant de madame ?

ARISTOPHANE.
Pas encore !

GOMMEUX.
Merci. — Madame, pourquoi n'étiez-vous pas au tir aux pigeons ?

CORALY.
Eh ! monsieur...

GOMMEUX.
Répondez, ou je me fais sauter la cervelle !

CORALY.
Ici, ça m'est égal ; vous ne pouvez pas abîmer mes tapis.

GOMMEUX.
Ah ! c'est ainsi !... Eh bien !

ARISTOPHANE, l'arrêtant.
Monsieur...

GOMMEUX.
Laissez-moi !

ARISTOPHANE.
Ça n'est pas sérieux !

GOMMEUX.
Pas sérieux !... Vous allez voir.

ARISTOPHANE, lui arrachant le pistolet.
Ah ! morbleu !

GOMMEUX.
Monsieur !

ARISTOPHANE.
AIR : Au verre.
Ne devriez-vous pas rougir ?
Réfléchissez, je vous en prie.
Certes, il est beau de mourir
Pour son drapeau, pour sa patrie.
Mais se tuer d'un coup fatal
Pour une femme qu'on achète,
Je ne vous trompais s'est mal !
C'est bien parce qu'on dit c'est bête !

GOMMEUX.
C'est bête !...
Et ça me plaît !
Oui, je me suis mis en tête ;

Et tout bête
Que ça paraît,
Monsieur, je vais accomplir mon projet !

TOUTES, courant après lui.
C'est bête !
Et ça lui plaît !
Cependant, il faut qu'on l'arrête
Oui, tout bête
Qu'il le prouve,
Empêchons-le d'accomplir son projet !

(Sortie générale. — Changement.)

Troisième Tableau.

Une rue de Paris, ou une place publique. — A droite, un établissement de marchand de vins. — Il pleut à verse.

SCÈNE PREMIÈRE.

ARISTOPHANE, puis LE PRINTEMPS.

ARISTOPHANE, entrant, il tient un parapluie.
De par Jupiter ! quelle pluie ! Il ne faisait pas toujours beau à Athènes, mais je ne me souviens pas d'un pareil déluge !... Il est vrai que les Parisiens ont inventé ces machines-là 7 francs 50 — ça n'est pas cher et c'est commode.

LE PRINTEMPS, entrant, également sous un parapluie.
Ah ! pour une vilaine entrée dans le monde, voilà une vilaine entrée !...

ARISTOPHANE.
Quelqu'un !... Pardon, madame...

LE PRINTEMPS.
Je ne suis pas une dame...

ARISTOPHANE.
Pardon, mademoiselle...

LE PRINTEMPS.
Ni une demoiselle...

ARISTOPHANE.
En ce cas, pardon, jeune homme...

LE PRINTEMPS.
Je suis encore moins un homme.

ARISTOPHANE.
Alors, je cesse de comprendre...

LE PRINTEMPS.
Ce que je suis vous importe peu... Que me voulez-vous ?

ARISTOPHANE.
Tout simplement vous demander où je suis ici...

LE PRINTEMPS.
C'est la question que j'allais vous faire.

ARISTOPHANE.
Ah ! diable !

LE PRINTEMPS.
Monsieur est étranger ?

ARISTOPHANE.
Citoyen d'Athènes.

LE PRINTEMPS.
Attendez donc, mais je le reconnais pour l'avoir vu autrefois...

ARISTOPHANE.
Monsieur ou madame me paraît beaucoup trop jeune pour se rappeler...

LE PRINTEMPS.
Trop jeune ! Je suis plus vieux que toi !

ARISTOPHANE.
Ah ! si vous me prouvez cela !...

LE PRINTEMPS.
Mon nom seul te le prouvera.

ARISTOPHANE.
Votre nom ?

LE PRINTEMPS.
Je suis le Printemps.

ARISTOPHANE.
Le Printemps ! Et par un temps pareil.

LE PRINTEMPS.
Donne-moi donc celui d'arriver...

Air : *Certainement, j'aimais Clairette* (Mme Angot).

Pour semer les fleurs par centaines,
Ne te souvient-il plus, mon cher,
Qu'autrefois, même dans Athènes,
Je n'arrivais qu'après l'hiver ?

Te rappelles-tu qu'impuissante,
Lorsque l'hiver la renfermait,
Ta muse, triste et languissante,
A mon retour se ranimait ?

Combien j'aidais, par ma présence,
A tes triomphes si nombreux,
Et combien ma douce influence
Sut t'inspirer de vers heureux ?

C'est pendant que l'hiver se passe
Que l'on me désire partout.
L'été, du soleil on se lasse ;
Les hommes se lassent de tout !

Aussi, j'adore à la folie
Les voir de moi seul occupés.
J'aime à venir pendant la pluie,
Quand les mortels sont bien trempés !

Je ris de ce qui les désole,
De leur désespoir sans pareil...
Puis un matin, je les console,
Avec un rayon de soleil.

Voilà, mon cher, pourquoi j'oublie
Qu'il fait aujourd'hui mauvais temps,
Et pourquoi sous un parapluie
Tu vois arriver le printemps !

ARISTOPHANE.
Oh ! mais, ça redouble ! Est-ce qu'il fait souvent ce temps à Paris ?

LE PRINTEMPS.
Oh ! cette année surtout, l'hiver que je remplace a été terrible. Il vient de me raconter ses fredaines, et, tiens, je veux t'en montrer quelques-unes... Voilà un drame qui s'est passé dans une rue de Paris...

(Le fond s'éclaire, il pleut à torrents. — On voit entrer une jeune femme cherchant partout un abri. Elle met un mouchoir sur son chapeau, retrousse sa robe et la met aussi par-dessus son chapeau. Tout cela en ombres chinoises. — Nuit complète.)

ARISTOPHANE.
Oh ! la pauvre chère femme ! Si je lui offrais mon parapluie ?...

LE PRINTEMPS.
Garde-t'en bien... Tu vas voir ce qu'il en coûte...

(Un monsieur entre avec un parapluie. Il offre son bras à la jeune dame qui refuse. Il insiste, elle accepte, ils vont sortir.)

ARISTOPHANE.
Ah ! enfin, la voilà à l'abri.

LE PRINTEMPS.
Oui, mais regarde...

(Un second monsieur paraît également sous un parapluie. Il se trouve face à face avec les deux autres personnages.)

LE PRINTEMPS.
C'est le mari !

ARISTOPHANE.
Ah ! diable !

(Effroi de la jeune femme, fureur du mari, explication, soufflet donné par le mari au monsieur et volée de parapluie de part et d'autre.)

ARISTOPHANE, *pendant la bataille*.
Messieurs ! messieurs ! vous n'y pensez pas ! Je vous jure que ce n'est pas la faute de madame... Messieurs... messieurs...

LE PRINTEMPS, *quand le tableau est effacé*.
Eh bien, qu'en dis-tu ?

ARISTOPHANE.
Je dis que nos maris étaient beaucoup plus philosophes...

LE PRINTEMPS.
Je veux maintenant te montrer une chasse pendant l'hiver de 1873.

(Le fond s'éclaire. — On voit un lièvre entrer et se promener un parapluie à la patte. Il s'arrête et regarde de tous côtés.)

ARISTOPHANE.
Tiens ! il a aussi un 7 francs 50 !

(Le lièvre voit arriver un chasseur et se sauve en courant. — Le chasseur entre, son fusil en arrêt. Le bassinet du fusil est couvert d'un petit parapluie et le chapeau du chasseur est surmonté d'un grand parapluie. Il est suivi d'un chien également couvert d'un parapluie. — Le chasseur ajuste, tire, le fusil rate. — Le lièvre reparaît et lui fait un pied de nez.)

ARISTOPHANE.
C'est amusant, continue...

LE PRINTEMPS.
Ah ! mon Dieu, tu m'as fait oublier que j'avais promis à Flore de donner du soleil à ses tulipes à midi. Je suis fâché de te quitter, mais je suis en retard...

(Il ferme son parapluie. — Le théâtre s'éclaire.)

ARISTOPHANE, *fermant aussi son parapluie*.
Ah ! je préfère cela !

LE PRINTEMPS.
Air :

Pardonne-moi si je te quitte ainsi, } bis.
Mon règne, qui commence,
Devra te réjouir aussi !

ENSEMBLE.

ARISTOPHANE.
Adieu, printemps, je te quitte et merci.
Ton règne, qui commence,
Devra me réjouir aussi !

LE PRINTEMPS.
Pardonne-moi, si je te quitte ainsi,
Etc., etc., etc.

LE PRINTEMPS.
Avec moi, les beaux jours
Et la gaîté champêtre,
Les plaisirs, les amours,
Vont aujourd'hui renaître !
Tu pourras en tout lieu
Juger de mon mérite,
Et sans te dire adieu,
Maintenant je te quitte !

(*Reprise de l'Ensemble.*)

SCÈNE II.

ARISTOPHANE, UN COLLEUR D'AFFICHES.

ARISTOPHANE.

Ah! ce rayon de soleil me ragaillardit! Mais où suis-je? Bah! qu'importe! je ne vais nulle part, et, pour observer, je suis bien partout! (Apercevant le colleur d'affiches qui pose une affiche sur un mur.) Tiens! que fait donc ce monsieur?... Une affiche!... Ah! voyons cela! (Lisant.) « Grand magasin du *Printemps!* » Tiens! le Printemps ne me disait pas qu'il tenait un magasin! (Lisant.) « Ce magasin, le plus grand magasin du monde!... » Ah! bah! le plus grand magasin du monde! Il faudra que j'aille voir cela!

UNE VOIX DANS LA COULISSE.

Non, non, je n'irai pas!... Qu'on me démolisse plutôt!

ARISTOPHANE, *regardant à gauche.*

Que vois-je? Un lion qui se débat entre quatre gendarmes!... Ah! il leur échappe... il vient par ici... Ah! le vilain lion!...

SCÈNE III.

ARISTOPHANE, LE LION.

LE LION, *entrant en courant.*

Ouf! je leur échappe!

ARISTOPHANE.

Est-ce que vous couriez un danger?

LE LION.

Si j'en cours un! J'en cours mille, on veut me remettre sur la fontaine du Château-d'Eau.

ARISTOPHANE.

Un lion sur une fontaine!

LE LION.

Oh! ça n'a rien de surprenant! Autrefois, même, les lions s'y trouvaient assez bien. Ils étaient là sur une bonne petite place, près d'un marché aux fleurs... ils étaient témoins des amours de toutes les petites bonnes du quartier...

ARISTOPHANE.

De leurs amours!

LE LION.

Oui, monsieur, de leurs amours avec messieurs les militaires... Oh! elles ne nous cachaient rien!... Si vous aviez entendu ça avant la retraite...

ARISTOPHANE.

Ça devait être agréable!

LE LION.

Oh! oui, monsieur... Mais à présent vous n'avez pas idée de ça... Plus de fleurs, plus de petites bonnes!... Et une grande bête de place!... L'hiver, c'est la Sibérie et l'été c'est le Sénégal!... Tous les mortels qui passent par là attrapent des fluxions de poitrine, ou des coups de soleil... Et si l'on n'attrapait que cela encore!... mais nous en avons attrapé bien d'autres, nous les lions!... Tenez, moi qui vous parle...

Air : La gueule à quinze pas.

Sitôt que dans Paris on fait du chahannis,
Exposée comm' les militaires,
C'est nous qui r'çoivons les atouts, les boulets,
Oui, dans nos troubles populaires,
Sur nous, infortunés lions,
Bombes et boulets tombaient par millions,
Il en pleuvait, et leurs éclats,
Nous coupaient la gueule à quinz' pas!

ARISTOPHANE.

Ah! par exemple, voilà qui a dû vous contrarier!

LE LION.

Comment, monsieur, mais il a fallu me renvoyer à la fonderie!

ARISTOPHANE.

La fonderie?

LE LION.

Moi et mes camarades nous avions tous une blessure... L'un, c'était à la tête, l'autre aux reins... l'autre... enfin partout...

ARISTOPHANE.

Et pourquoi veut-on vous replacer là?...

LE LION.

Parce que c'est la place du Château-d'Eau, que le Château-d'Eau c'était nous, et que la place, sans nous, c'est une place sans château et sans eau... Même que depuis six ans on ne fait que nous construire et nous démolir... On dit un jour : c'est ça; le lendemain : c'est pas ça; et vous verrez que ça ne sera jamais ça!

Air : Ne réveillez pas la garde citoyenne.

Au temps jadis, au beau temps de nos pères,
D'un boulevard on suivait le parcours,
Et ce n'était que le faubourg du Temple,
Qui traversait ce charmant boulevard.

ARISTOPHANE.

Qu'est-ce qu'il chante là?

LE LION.

Mais aujourd'hui, sous la zone torride,
Ou tout tremblant dans ce désert glacé,
Abandonné sur cette place immense,
Vous vous trouvez entre dix carrefours.

ARISTOPHANE.

Mais ça ne rime pas.

LE LION.

Quand de partout une foule pressée
Va, vient et veut traverser à la fois,
De tous côtés s'élancent des voitures,
Cabriolet, coupé, fiacre, omnibus!

ARISTOPHANE.

Oh! pour un lion.

LE LION.

Vous entendez alors des cris horribles,
Chacun dit : Arrête, arrête, cocher!
Eu se sauvant, le mari perd sa femme,
Et la beauté souvent fait un faux pas.

Que d'accidents, que de terribles chutes!
C'est effrayant, il faut voir ça surtout
Quand, à minuit, les spectacles finissent,
Et qu'on se trouve en pleine obscurité.

Et je serais témoin, témoin sans cesse,
De ces malheurs faciles à prévoir,
A tout jamais sur mon trône de pierre.
Je ne pourrais ne lâcher que de l'eau!

Non, non, monsieur, mon orgueil se révolte,
Je pars, adieu, je pars je ne sais où.
Mais je préfère, et je vous le déclare,
L'enfer à la place du Château-d'Eau! (*Il sort.*)

ARISTOPHANE.

Quelle drôle de poésie... Ah! c'est une poésie de lion... Si j'ai bien compris, il en est des rues de Paris à peu près comme de celles d'Athènes... Quel est le peuple qui ne se plaint pas de son pays? (Ici *un afficheur entre et colle une affiche sur l'affiche que le premier a collée à la scène II.*) Tiens! une seconde affiche... Voyons cela... (Lisant.) « Grand magasin du *Bon Marché!* ce magasin, le plus grand magasin du monde! » Bah! lui aussi!...

TRAMBOLINI, *en dehors.*

Non, non... c'est bien décidé, je ferme boutique.

ARISTOPHANE.
Une voix de femme!

SCÈNE IV.

ARISTOPHANE, TROMBOLINE.

TROMBOLINE.
Allez vous promener! J'en ai assez, de la profession!

ARISTOPHANE, *lisant sur la boutique.*
Commerce de vins — Tiens, mais on me disait pourtant que c'était un excellent commerce !

TROMBOLINE.
Autrefois, je ne dis pas... mais à présent...

ARISTOPHANE.
Je comprends, vous avez trop de concurrence...

TROMBOLINE.
Non, monsieur, c'est pas la concurrence, c'est les ordonnances qui nous ruinent.

ARISTOPHANE.
Les ordonnances?

TROMBOLINE.
Voilà la huitième contravention que je reçois depuis trois jours...

ARISTOPHANE.
Et pourquoi, mon Dieu?

TROMBOLINE.
Parce que des ivrognes sortent de chez moi !

ARISTOPHANE.
Dame... de chez un marchand de vins, il ne peut pas sortir que des notaires.

TROMBOLINE.
C'est ce que je leur dis : Pourquoi y a-t-il des marchands de vins? Parce qu'il y a des ivrognes ! Supprimez les ivrognes, vous supprimez les marchands de vins.

ARISTOPHANE.
Ça me paraît logique.

TROMBOLINE.
Voilà mon voisin le pâtissier, y paie une patente pour vendre des petits pâtés... si on lui défend de vendre des petits pâtés, avec quoi qu'il paiera sa patente ?

ARISTOPHANE.
C'est clair !

TROMBOLINE.
Je m'étais dit : J'ai ma fortune à faire, y faut que je trouve une profession qui m'enrichisse vite... Paris est rempli de pochards, j'vas m'faire marchande de vins...

ARISTOPHANE.
C'est pas bête, ça !

TROMBOLINE.
Le gouvernement ne s'y oppose pas, y m'dit: Prenez, ma bonne femme ; c'est tant pour l'octroi, tant pour l'entrée, tant pour les impositions, tant pour la patente ; seulement, quand on viendra vous demander votre marchandise, vous mettrez vos pratiques à la porte.

ARISTOPHANE.
Oh !

TROMBOLINE.
Air : *J'ai vu la meunière du moulin.*

Je sais qu'on s'livre dans Paris
   A d' vilain's besognes,
Que le vin trouble les esprits
   Et rougit les trognes.
On veut corriger les humains;
On s'y prend mal, ceux que je plains,
   C'est pas les ivrognes,
   C'est les marchands d' vins ! } bis

II

Si vraiment à nous condamner
   On est trop sévère ;
Si nous ne pouvons plus donner
   A boire à plein verre,
Nous fermerons nos magasins
Ou faudra, dans des temps prochains,
   Etre millionnaire
   Pour êtr' marchand d' vins ! } bis

Aussi, je change de profession !

ARISTOPHANE.
Ah! ah!

TROMBOLINE.
Oui, je vais me faire marchande d'allumettes.

ARISTOPHANE.
D'allumettes?

TROMBOLINE.
Oui. — J'ai trouvé un truc pour les vendre très-bon marché

ARISTOPHANE.
Un truc ?

TROMBOLINE.
Je les fais moi-même; et je vais les vendre à domicile... Comprenez-vous, mon chou ?

ARISTOPHANE, *à part.*
Son chou ! Mais je ne la remarquais pas... Cette femme est superbe !

TROMBOLINE.
Figurez-vous qu'aujourd'hui les allumettes sont très-chères.

ARISTOPHANE, *à part.*
Des yeux charmants !

TROMBOLINE.
Mais ce qu'on paye, c'est l'impôt et le prix de fabrique.

ARISTOPHANE
Un éclat, une fraîcheur !

TROMBOLINE.
Le soufre et le bois, on a ça pour rien.

ARISTOPHANE.
Air : *La maison de M. Vautour.*
Son organe lui-même est doux !

TROMBOLINE.
Or donc, pour faire des recettes..

ARISTOPHANE.
Pardon, de quoi me parlez-vous?

TROMBOLINE.
Je vous parle des allumettes.
Vous n'étiez pas à c' que j'disais.

ARISTOPHANE.
Si fait !

TROMBOLINE.
Quel étourdi vous faites !

ARISTOPHANE.
C'est qu'en regardant vos mollets
   On est bien loin des allumettes !
C'est qu'en regardant vos mollets,
   On n' pense plus aux allumettes!

TROMBOLINE.
Ah ! vous êtes un farceur, vous !

ARISTOPHANE.
Je vous jure...

Air : *Je ne viens pas pour vous tyranniser* (Griffes du Diable).

TROMBOLINE.
Je ne viens pas ici batifoler.
Sans me connaître,

Monsieur peut-être
Croyait déjà pouvoir m'ensorceler?
Cherchez ailleurs à qui parler!

ARISTOPHANE.
Quoi, mes sentiments platoniques?

TROMBOLINE.
Regardez ces bras vigoureux.
Comme je traitais mes pratiques
J'aime à traiter les amoureux!

ARISTOPHANE.
Eh quoi, sans plus d'égards?

TROMBOLINE.
Oui, mon cher, tout comme des pochards.

ENSEMBLE.

ARISTOPHANE.
Je ne veux plus ici batifoler,
   Sans la connaître.
  Je pourrais être
Sans trop pouvoir me désensorceler,
Fâché de vouloir cajoler!

TROMBOLINE.
Je ne viens pas ici batifoler,
Etc., etc.

(Elle sort.)

ARISTOPHANE.
Superbe femme! mais susceptible! (Ici un troisième afficheur entre et colle une troisième affiche sur celle que le second afficheur a collée à la scène III.) C'est dommage, je lui trouvais une riche nature! (Apercevant l'afficheur.) Comment, encore... mais personne ne passe par ici... C'est donc pour moi seul... Voyons. (Lisant.) « Grand magasin du Louvre. Ce magasin, le plus grand magasin du monde! » Bon! Ah! ça, mais pourtant, ils ne peuvent pas tous être les plus grands; il faut que deux au moins sur trois aient menti, et morbleu, je le saurai! Je vais aller mesurer tous ces magasins-là! (Grand bruit au dehors. — Remontant.) Encore une dispute... Ah! que d'uniformes... Serait-ce un régiment?... Mais non!... Qu'est-ce que ça peut bien être?

SCÈNE V.

ARISTOPHANE, LE MAGASIN DU LOUVRE, LE BON MARCHÉ, LA VILLE DE PARIS, LE PARADIS DES DAMES, LE PETIT SAINT-THOMAS, LE COIN DE RUE, LE PRINTEMPS, LE TAPIS ROUGE.

(Tous les personnages casqués, avec des dalmatiques portant le nom du magasin.)

CHŒUR.

Air : *Tu l'as promis, tu chanteras* (Mme Angot).

Oui, le plus grand (bis) c'est toujours moi.
  Et la colère
   M'exaspère.
  Je dois faire la loi,
Car le plus grand c'est moi.
C'est moi, c'est moi, c'est moi, c'est moi, c'est moi!
C'est moi qui dois faire la loi!

ARISTOPHANE.
Messieurs... messieurs, de grâce,...

LE LOUVRE.
J'arriverai le premier.

LE BON MARCHÉ.
Après moi!

LES AUTRES.
Après moi!

LA VILLE DE PARIS.
Ne les écoutez pas, monsieur!

LE PARADIS DES DAMES.
Ce sont des charlatans!

TOUS ENSEMBLE.
Des imposteurs!

ARISTOPHANE, *criant de toutes ses forces.*
Mais enfin, qui êtes-vous?

LE LOUVRE.
Je suis le grand magasin du *Louvre.*

ARISTOPHANE.
Le plus grand magasin du monde!

TOUS.
Non! Le plus grand, c'est moi.

ARISTOPHANE, *se bouchant les oreilles et criant.*
Eh bien, oui, là! vous êtes tous les plus grands!... vous êtes tous plus grands les uns que les autres... mais, de grâce, ne parlez pas tous à la fois, et faites-vous connaître tour à tour.

LE LOUVRE.
Moi, *le Louvre*, je donne des ballons gratis.

LE BON MARCHÉ.
Moi, *le Bon marché*, je tiens un billard gratis à la disposition des maris.

LE PETIT SAINT-THOMAS.
Moi, *le Petit Saint-Thomas*, j'offre des gâteaux gratis aux enfants de mes clients...

LA VILLE DE PARIS.
Moi, *la Ville de Paris*, j'offre un cabinet de lecture gratis à ma clientèle.

LE PARADIS DES DAMES.
Moi, *le Paradis des dames*, j'ai un photographe gratis attaché à mon établissement.

LE COIN DE RUE.
Moi, *le Coin de Rue*, j'ai un gymnase gratis pour mes clients.

LE PRINTEMPS.
Moi, *le Printemps*, j'offre des fleurs gratis à toutes les dames.

LE TAPIS ROUGE.
Et moi, *le Tapis rouge*, j'ai trois vaudevillistes gratis chargés de chanter mes clientes.

ARISTOPHANE.

Air *de Calpigi*.

Eh quoi, vous ouvrez à la ronde
Les plus grands magasins du monde?
  Et chez vous on trouve gratis
  Mille choses qui, dans Paris,
  Coûtent ailleurs un certain prix?
Ne craignez-vous pas que l'on dise
Que chez vous une marchandise
  Coûte le double de son prix,
  Pour ce que vous donnez gratis?

LE TAPIS ROUGE.
Erreur!

LE PRINTEMPS.
Mensonge!

LE COIN DE RUE.
Nous donnons tout pour rien.

LE PETIT SAINT-THOMAS.
J'ai six cents commis.

LE LOUVRE.
Mon principal me coûte cinquante mille francs par an.

LA VILLE DE PARIS.
Je vais avoir quatre cents nègres.

LE PARADIS DES DAMES.
J'occupe huit cents ouvrières, toutes vertueuses.

LE BON MARCHÉ.
Venez voir mon billard.

ARISTOPHANE.
Merci; je ne connais pas ce jeu-là.

LE BON MARCHÉ.
En sa qualité de Grec, monsieur préfère le jeu de l'oie.

ARISTOPHANE.
Mais certainement.

AIR : *de l'Apothicaire.*

En Grèce, on pratiquait souvent
Ce jeu qui vous fait tant sourire,
Ce passe-temps fort innocent,
A personne ne pouvait nuire.
L'honneur présidait à l'enjeu.
Ici, ce n'est pas comme à Troie;
Car c'est vous qui faites le jeu,
Et c'est le client qui fait l'oie.
Oui, c'est vous qui faites le jeu,
Et c'est le client qui fait l'oie!

TOUS.
Vous osez dire ?...

(Grand bruit dans la coulisse.)

ARISTOPHANE.
Qu'est-ce encore ?

LE LOUVRE.
Ah ! mon Dieu ! les autres magasins !

LA VILLE DE PARIS.
La Belle Jardinière !

LE PRINTEMPS.
La Ville de Saint-Denis.

LE COIN DE RUE.
Pygmalion.

ARISTOPHANE.
Je me sauve !

TOUS.
Sauvons-nous !

AIR : *Fernand Cortès.*

Vite, vite,
Courons,
Puisqu'ils marchent à notre suite,
Vite, vite,
Courons,
Nous les éviterons.

(Sortie générale. — Le théâtre change.)

Quatrième Tableau.

Un décor de fantaisie.

SCÈNE PREMIÈRE.
ARISTOPHANE, LE PRINTEMPS.

(Ils entrent comme s'ils achevaient une conversation.)

ARISTOPHANE.
Eh quoi, cinq milliards, dis-tu ?

LE PRINTEMPS.
Oui, mon cher, cinq milliards.

ARISTOPHANE.
Et cette guerre n'a pas duré plus d'un an ?

LE PRINTEMPS.
Six ou sept mois à peine.

ARISTOPHANE.
Quelle différence avec celle du Péloponèse, qui a duré 27 ans.

LE PRINTEMPS.
Et dont Athènes ne s'est jamais relevée!

ARISTOPHANE.
C'est vrai. — Ma foi, je suis bien heureux de t'avoir rencontré de nouveau. — Tout ce que tu viens de m'apprendre de l'histoire moderne de la France est vraiment fabuleux... Et les cinq milliards sont déjà payés ?

LE PRINTEMPS.
Ils vont l'être.

ARISTOPHANE.
Je ne me rends pas bien compte de ce que c'est que cinq milliards...

LE PRINTEMPS.
Veux-tu le savoir ? Je puis t'en montrer le spécimen.

ARISTOPHANE.
Si je le veux, mon voyage n'aura certes pas un résultat plus intéressant.

LE PRINTEMPS.
Eh bien, regarde.

(Le fond s'entr'ouvre, on voit les cinq milliards produisant un cube de 150 mètres.)

ARISTOPHANE.
AIR : *Soldat français né d'obscurs laboureurs.*

Eh quoi, tant d'or, même après un revers?
Ah çà, voyons, ce peuple, que Dieu garde !
Des peuples de tout l'univers
Serait-il donc le plus riche ?

LE PRINTEMPS.
Regarde !
Oui, c'est le plus riche, en effet,
Et s'il avait un autre caractère,
Moins de partis, si mieux il raisonnait,
Juge, d'après ce qu'il a fait,
Des prodiges qu'il pourrait faire ! } bis.

ARISTOPHANE.
Et de tous ces milliards, que peut-il sortir ?

LE PRINTEMPS.
Ce qu'il en sortira... une grande leçon d'abord, et ensuite la régénération du peuple français...

ARISTOPHANE.
Sa régénération ?

LE PRINTEMPS.
Regarde encore.

(Le cube d'or se métamorphose en tente; il en sort douze volontaires d'un an en chasseurs de Vincennes.)

CHŒUR.

AIR :

En avant ! en avant !
Volontaires d'un an !
Pas de nouvelles guerres ;
Mais à tout accident
Soyons prêts, volontaires,
Volontaires d'un an !

LE PRINTEMPS.
Des leçons de la destinée
Oui, les Français profiteront.
Désormais, d'année en année
Tous leurs enfants répéteront :

(Ici de la tente sortent douze enfants en zouaves.)

CHŒUR.
En avant! en avant!
Etc., etc.

ARISTOPHANE.
Après l'orage, après la guerre,
Nous voyons nos champs refleurir.
Heureux le peuple de la terre
Qui peut compter sur l'avenir!

(Arrivent douze enfants plus petits que les précédents et costumés en marins.)

REPRISE.
En avant! en avant!
Etc., etc.

LE PRINTEMPS.
Les tempêtes sont passagères,
Et lorsque revient le beau temps,
La foudre n'a frappé les pères
Que pour éclairer les enfants.

(Ici, douze nourrices sortent de la tente portant douze poupards coiffés de bonnets à poils.)

En avant, etc.

ARISTOPHANE.
Sont-ils donc troupiers de naissance?
En voyant ces futurs soldats,
Du moins, on en est sûr d'avance,
Le monde ne finira pas.

TOUS.
Présentez arme! (Les volontaires et les enfants présentent leurs fusils; les nourrices présentent leurs poupards.)

REPRISE DU CHŒUR.
En avant! en avant!
Etc., etc.

———

TABLEAU.

———

LE RIDEAU BAISSÉ.

ACTE II

Cinquième Tableau.

Le théâtre représente un coin de l'exposition des chiens. — Partout des niches et leurs locataires.

———

SCÈNE PREMIÈRE.

BRIVAULT, seul.

Sapristi! en v'là une chienne de faction. — Dire que v'là où conduit la gloire. Moi, Barnabé Brivault, autrefois la coqueluche de toutes les jolies filles de mon endroit, après avoir traîné mes guêtres dans tous les pays du monde, me voilà préposé à la garde de tous ces paroissiens-là. — Drôle de position tout de même. C'est à se demander si je fais partie de la collection. — Pauvres bêtes, elles n'ont pas l'air plus flattées que moi. Leur position les humilie... Ah! dame, ça se comprend, des chiens aristocrates, des chiens de bonne maison.

VOIX DE FEMME, *au dehors.*

Mais puisque je vous dis que voilà mon laisser-passer.

BRIVAULT.

Hein! qui vient là?

SCÈNE II.

BRIVAULT, LISON, *une tasse à la main.*

LISON.

C'est moi, c'est moi, monsieur le gardien.

BRIVAULT.

Ah! bon, vous venez pour le n° 5.

LISON.

Oui, et le factionnaire me présente sa bayonnette. J'ai peur quand on me présente ces choses-là, moi. Il a failli me faire renverser mon café.

BRIVAULT.

Le café de monsieur Phanor.

LISON, *allant au chien.*

Ça m'embête assez de venir ici deux ou trois fois par jour servir monsieur. Dire que le jury l'a trouvé beau; je le trouve affreux, moi. (*Au chien, d'une voix douce et tendre.*) Tiens, Phanor; tiens, mon bibi; voilà du café, mon loulou... Je le flatte parce que c'est le Benjamin de ma maîtresse.

BRIVAULT.

Une grande dame?

LISON.

Oui, dans la danse, une étoile! et qui a des amoureux à remuer à la pelle... Mais depuis que son chien a été reçu à l'exposition, elle ne pense qu'à lui; enfin, c'est au point que l'autre jour un de ses galants, un nommé Hector, lui faisait la cour, et au lieu de l'appeler Hector, elle l'a appelé Phanor.

BRIVAULT.

Eh bien, ça rime.

LA MARQUISE, *en dehors.*

Comment, monsieur le factionnaire, vous ne me reconnaissez pas, moi, la marquise de Grand-Vilain.

BRIVAULT.

Ah! c'est pour le n° 3. En voilà une qui l'emporte sur votre maîtresse, elle ne sort pas d'ici; si elle le pouvait, je crois qu'elle partagerait la niche de son chéri, comme elle l'appelle!... Vieille toquée.

SCÈNE III.

LES MÊMES, LA MARQUISE.

LA MARQUISE.

Bonjour, chéri... Ah! vous voilà, monsieur le gardien, j'apporte à chéri le coussin que je lui ai promis, hier soir... C'est moi qui l'ai brodé pour lui, de mes mains. Il a bien passé la nuit?

BRIVAULT.

Tout d'un somme! Ah dame, c'est que je le veille comme si c'était mon enfant.

LA MARQUISE, *lui donnant une pièce de monnaie.*

Bien!... vous avez du cœur, mon ami.

BRIVAULT.

Merci!... Ce sera dur de nous séparer!... Si madame daignait me prendre à son service, ça me ferait bien plaisir, et à Chéri aussi.

LA MARQUISE.

Nous recauserons de cela. (*Allant à la niche.*) Tenez, monsieur, voilà pour faire dodo... Hein! voyez comme il comprend, comme ça le flatte. Ah! dame, c'est que c'est un chien de race.

AIR : *Un homme pour faire un tableau.*

Il est fils d'un nommé César,
Issu d'une noble lignée,
Et sa mère, une Balthazar,
Par un prince me fut donnée.
Tous ses aïeux sont de pur sang,
Aussi, quel feu dans ses yeux brille!

BRIVAULT.
Nom d'un chien, que j' s'rais donc content
D'entrer dans un' si bell' famille !

(A part.) Elle est timbrée. (La cloche.) Ah! c'est l'heure où on ouvre les portes.

SCÈNE IV.

LES MÊMES, LA FOULE, ensuite ARISTOPHANE.

CHŒUR.

AIR : Deux à deux, quatre à quatre (Héloïse et Abélard.)

Quand on est las de rire
Des spectacl's parisiens,
On visite, on admire
L'exposition des chiens.

Regardez-les,
Comme ils sont laids !
Oh! oh! oh! oh!
Ce n'est pas beau !

Quand on est las de rire,
Etc., etc.

UN VIEUX MONSIEUR, *qui est entré pendant le chœur et qui cherche dans toutes les niches.*

Je ne la vois nulle part. Que peut-elle être devenue?... Pauvre Zémire... Je suis sûr qu'elle m'a été volée par ce gamin qui la trouvait si jolie et qui lui présentait toujours des friandises... Oh ! je la retrouverai, je la retrouverai.

(Il sort.)

ARISTOPHANE, *qui est rentré pendant cette scène.*

Singulière exposition ! que peut-on lui trouver de séduisant et quel peut être son but?

UN GAMIN, *qui vient d'entrer, à un chien qu'il tient sous sa blouse.*

Tiens-toi donc tranquille, ma vieille. Veux-tu bien te cacher. Ici, je dois trouver un amateur et si je pouvais seulement en avoir vingt francs... C'est qu'elle m'a déjà coûté cinq sous de jambon.

(Il se perd dans la foule.)

ARISTOPHANE.

Non, j'ai beau observer. Est-ce pour voir des chiens, est-ce pour se faire voir eux-mêmes que les Parisiens se rendent ici.

BRIVAULT, *le regardant.*

Singulier costume !

ARISTOPHANE.

C'est ça, c'est pour se contempler. En voilà un qui fait mon inventaire.

BRIVAULT.

Monsieur est étranger ?

ARISTOPHANE.

Tout ce qu'il y a de plus étranger.

BRIVAULT.

Et vous vous intéressez au progrès de la race canine.

ARISTOPHANE.

Ma foi non, je ne me suis jamais intéressé qu'à un chien et je vous assure qu'il ne ressemblait à aucun de ceux que je vois ici.

BRIVAULT.

A aucun.

ARISTOPHANE.

Non, ici je ne vois que des maîtres qui font valoir leurs chiens ; le chien dont je vous parle faisait valoir son maître.

BRIVAULT.

De quel diable de chien parlez vous donc ?

ARISTOPHANE.

Du chien d'Alcibiade.

LA FOULE, *qui vient de se rapprocher.*

Le chien d'Alcibiade.

BRIVAULT.

Connais pas !

ARISTOPHANE.

Un pauvre chien dont son maître avait coupé la queue.

BRIVAULT.

Pour se faire remarquer.

(On rit.)

ARISTOPHANE.

Il est vrai que pour faire parler d'eux les Parisiens agissent à peu près de même.

BRIVAULT.

Ils coupent la queue à leur chien ?

ARISTOPHANE.

Mais certainement.

AIR : de Mme Angot.

Tous ceux qui, par un ridicule,
Veulent se faire remarquer ;
Chaque individu qui spécule
Sur ce qu'on ne peut expliquer ;
Tout esprit bizarre et fantasque
Dont on applaudit les écarts ;
Bref tous ceux qui mettent un casque
Afin d'attirer nos regards ;

Tout ce qui pérore et gambade,
C'est Alcibiade,
C'est Alcibiade,
Alcibiade l'Athénien,
Qui coupe la queue à son chien.

LE CHŒUR.

Tout ce qui pérore et gambade,
Etc., etc.

ARISTOPHANE.

L'honnête femme qui s'habille,
Comme une Laïs de vos jours ;
Et la vieille qui se maquille,
Rêvant de nouvelles amours ;
Le gandin qui, pour qu'on l'admire,
Se pose sur l'œil un lorgnon ;
Et la cocotte, qui n'attire
Que par l'ampleur de son chignon ;

Tout ce qui se farde et cascade,
C'est Alcibiade,
C'est Alcibiade,
Alcibiade l'Athénien,
Qui coupe la queue à son chien.

REPRISE.

Tout ce qui se farde et cascade,
etc., etc.

ARISTOPHANE.

Cet ami de l'ancien régime
Qui regrette les vieux abus
Et proclame n'avoir d'estime
Que pour tout ce qu'on ne veut plus,
Et ces orateurs populaires
Qui, dans l'espoir de gouverner,
Osent promettre aux prolétaires
Ce qu'ils ne peuvent leur donner ;

Bref, chaque pantin qui parade,
C'est Alcibiade,
etc., etc.

(On entoure Aristophane.)

LE GAMIN, *qui était sorti, revenant par la droite.*

C'est drôle, toutes ces figures là ne m'inspirent pas de confiance. Avec ça qu'il est défendu d'entrer ici avec un chien...

LE VIEUX MONSIEUR, *qui est rentré par la gauche.*

Mon filou ! je le reconnais. (*Sautant sur le gamin.*) Je le tiens

LE GAMIN.

Hein ! Qu'est-ce que c'est...

LE VIEUX MONSIEUR.
Qu'as-tu fait de Zémire. Ah! la voilà!

LE GAMIN.
Voulez-vous lâcher ma chienne.

BRIVAULT.
Une chienne.

LE VIEUX MONSIEUR.
Oui, monsieur le gardien. Voilà mon voleur.

LE GAMIN.
C'est lui qui veut me voler ma chienne.

BRIVAULT.
Fichez-moi le camp tous les trois.

LE VIEUX MONSIEUR.
Justice, monsieur le gardien.

LE GAMIN.
Oui, justice!

BRIVAULT.
Et comment voulez-vous que je sache à qui de vous cette chienne appartient.

ARISTOPHANE.
Il y a un moyen pour ça, un moyen fourni par l'antiquité. Faites comme Salomon, coupez la chienne en deux.

BRIVAULT, *saisissant la chienne.*
C'est une idée.

LE VIEUX MONSIEUR ET LE GAMIN, *aux genoux de Brivault.*
Grâce, monsieur le gardien.

ARISTOPHANE.
Deux cris du cœur, Salomon lui-même serait très embarrassé.

BRIVAULT.
Attendez, j'ai un autre moyen. (*Au vieux monsieur.*) Comment s'appelle votre chienne?

LE VIEUX MONSIEUR.
Zémire.

BRIVAULT, *au gamin.*
Et la vôtre?

LE GAMIN.
Coquette.

BRIVAULT.
Eh bien, éloignez-vous tous les deux. Je me place là avec la chienne sur mes genoux, je ne la retiendrai pas, appelez-la tour à tour et je la rendrai à celui qu'elle reconnaîtra.

LE VIEUX MONSIEUR.
Oui c'est une bonne idée, je suis sûr de son amitié.

LE GAMIN, *à part.*
Oh! quelle chance, j'ai encore un peu de jambon.

BRIVAULT, *qui vient de s'asseoir à gauche.*
Allez-y.

LE VIEUX MONSIEUR, *appelant.*
Zémire, ma petite Zémire... Zémire.

BRIVAULT.
Assez! il est évident que vous ne lui dites rien.

LE VIEUX MONSIEUR.
Oh!

BRIVAULT.
A votre tour là-bas.

LE GAMIN.
Pardon, monsieur le gardien, mais ma chienne est sourde et un peu myope; elle ne me reconnaît qu'au flair; si vous voulez me permettre de passer devant elle, vous verrez qu'elle me suivra sans que je le lui dise rien.

BRIVAULT.
Allez-y!
(*Le gamin passe devant Brivault en allongeant la main vers Zémire, qui saute par terre et se met à le suivre.*)

TOUS.
Ah!

BRIVAULT.
La preuve est décisive.

LE VIEUX MONSIEUR.
Mais non, c'est une erreur.

BRIVAULT.
Partez, jeune homme, la chienne est à vous.

LE GAMIN.
Merci mon magistrat.
(*Il sort.*)

LE VIEUX MONSIEUR.
A lui, jamais, quand je devrais la lui acheter.
(*Il sort en courant. — Tout le monde rit. — Grand bruit au dehors.*)

BRIVAULT, *courant à gauche.*
Eh bien, qu'est-ce que c'est donc. Qu'arrive-t-il?

ARISTOPHANE.
Oh! les bruits de la foule, ils commencent à m'étourdir.
(*Il s'éloigne et disparaît.*)

SCÈNE V.

Les Mêmes, moins ARISTOPHANE, plus MADELEINE et BIGNOU.

MADELEINE, *au milieu de la foule.*
Plus souvent que vous nous empêcherez d'entrer.

BIGNOU.
Oui, plus souvent.

BRIVAULT.
Ah! ça, mais nom d'un nom!

MADELEINE.
Ah! un gardien. V'là justement notre affaire.

BIGNOU.
Oui, v'là notre affaire.

MADELEINE.
Tais-toi, Bignou! Monsieur le gardien. (*Le reconnaissant.*) Ah! tiens, le père Brivault.

BRIVAULT.
Madeleine Filoché!

MADELEINE.
Ah! par exemple.

BIGNOU.
Mais quoi qu' c'est donc?

MADELEINE.
Tais-toi, Bignou.

BRIVAULT.
C'est donc toi qui faisais tout ce bruit-là?

MADELEINE.
Oui, parce qu'on voulait empêcher Cupidon d'entrer.

BRIVAULT.
Cupidon, ce garçon-là?

MADELEINE.
Non, Cupidon, c'est pas lui; lui, c'est mon mari.

BIGNOU.
Oui, je suis...

MADELEINE.
Tais-toi, Bignou. (*Montrant un gros chien que son mari tient en laisse.*) Cupidon, le v'là!

BRIVAULT.
Un chien... Oh! minute. La consigne.

MADELEINE.
Mais attendez donc. (*Montrant son mari.*) Puisque c'est justement pour lui que nous venons de faire trente-cinq lieues.

BRIVAULT.
Pour qui? pour le chien ou pour monsieur?

MADELEINE.
Mon mari, oh! Dieu, j'aurais jamais fait trente-cinq lieues pour lui.

BIGNOU.
Non, c'était pour...

MADELEINE.
Tais-toi, Bignou. (*A Brivault.*) Faut vous dire qu'un soir, à la veillée, Françoise Mitofflet nous apprend qu'on va faire à Paris une grande exposition de chiens, ous qu'on donnera des prix aux plus intelligents. Bon, que je me dis, Cupidon n'a pas son pareil; j'irai à Paris avec mon mari et il aura le prix.

BRIVAULT.

Ton mari.

MADELEINE.

Mais non, Cupidon. V'là deux jours, nous arrivons. Je demande où qu'y faut présenter les chiens, on nous indique l'endroit, nous y allons. Je présente au jury Cupidon, que ça émotionne et qui s'oublie devant le tribunal. Ça indispose ces messieurs, qui prétendent que Cupidon est bâtard. Moi, ça m'fait rire et j'réponds... Ah! dame, j'sais pas, j'ai pas vu son acte de naissance. Mais pour ce qui est de l'intelligence... Et là-dessus me v'là partie...

Air : *Marchande de marée (Madame Angot).*

Ce chien, dis-je, à, je pense,
Sans parler d' mon époux,
Bien plus d'intelligence
Que beaucoup d' gens d' chez nous.
Voyez la bonne tête.
Les imbéciles qui
Disent que c'est un' bête
Sont plus bêtes que lui.

Je l'estime
Légitime,
Mais qu'il soit bâtard ou non,
Chien modèle,
Chien fidèle,
Rien n'égale Cupidon.

TOUS.

On l'estime,
etc., etc.

MADELEINE.

2.

Jamais je n' me verrouille,
Et je m' souviens qu'un' nuit
A ma porte on farfouille ;
Il était près d' minuit.
C'était le voisin Pierre,
Qui venait nuitamment,
Sachant qu' pour un' affaire
Mon homme était absent.

Le chien jappe
Et l'attrape
Au milieu d' son pantalon,
Mais mon homme
Sait en somme
Qu'il était sans Cupidon.

TOUS.

Le chien jappe,
etc., etc.

3.

Bref ! il sait tout comprendre,
Et comme d'un galant
Il saurait me défendre,
Même contre un brigand,
La garde est inutile,
Tant que j'aurai mon chien,
Je puis être tranquille,
On ne me prendra rien.

Pour m'entendre
Me défendre,
Pour prouver à sa façon
Comme il m'aime,
Bignou même
N' vaudra jamais Cupidon.

TOUS.

Pour l'entendre,
etc., etc.

BRIVAULT.

Enfin, est-il reçu ?

MADELEINE.

Non, il est refusé, et c'est pour ça que je suis furieuse.

BRIVAULT.

Eh bien, sois furieuse, mais va-t-en.

MADELEINE.

Que je m'en aille.

BRIVAULT.

Défense d'entrer à l'exposition des chiens avec un chien qui n'est pas de l'exposition. Par ainsi, file.

MADELEINE.

Jamais!

BRIVAULT.

Ah! tu ne veux pas. A moi, messieurs.

(Entrent des gardiens.)

CHŒUR.

Air : *O ciel!*

Allons, allons,
Et pas tant de raisons.
Vite que l'on s'en aille,
Ou c'est une bataille
Que nous vous livrerons.
Allons, allons !
Allons, et pas tant de raisons.

MADELEINE, BIGNOU.

Allons, allons,
Ici nous livrerons
Une grande bataille,
Oui, mais vaille que vaille,
Ici nous resterons,
Nous resterons.
Allons, écoutez mes raisons...

MADELEINE.

Attention, Bignou ! A moi, Cupidon !

(Ici grande bousculade. Tout le monde crie, tous les chiens jappent. Le rideau baisse. Quand la toile est aux deux tiers baissée, un régisseur se précipite et la retient en criant :)

LE RÉGISSEUR.

Arrêtez ! arrêtez ! (*Il passe par-dessous.*) Là ! très-bien, baissez maintenant. (*Le rideau tombe tout à fait.*) Pardon, messieurs, mais un concierge vient de se présenter au théâtre porteur d'une carte-postale excessivement pressée et nous a supplié de demander si dans la salle il ne se trouverait pas un nommé Conrad Mignonet.

CONRAD, *à la galerie.*

Conrad Mignonet, c'est moi.

LE RÉGISSEUR, *embarrassé.*

Ah! diable, comment vous faire passer. (*A un monsieur.*) Monsieur Ernest, soyez donc assez bon...

CONRAD.

Mais non, c'est inutile, une carte postale ne renferme pas de secret, c'est fait pour être lu par tout le monde... Vous devez l'avoir lue.

LE RÉGISSEUR.

Moi, monsieur... je suis incapable.

CONRAD.

Eh bien, lisez-la, ça n'a pas d'importance.

LE RÉGISSEUR.

Volontiers, monsieur (*Lisant.*) Polisson...

CONRAD.

Hein ! que vous dites.

LE RÉGISSEUR.

Ça n'est pas moi, c'est la carte.

ANAÏS, *se levant à côté de son mari.*

Ne lisez pas, monsieur...

CONRAD.

Mais au contraire... Comment, chère amie, tu voudrais que monsieur s'arrêtât-là... Je tiens à savoir... D'ailleurs, il doit y avoir erreur. (*Au régisseur.*) Veuillez me lire l'adresse, je vous prie.

LE RÉGISSEUR, *retournant la carte.*

Monsieur Conrad Mignonet, épicier, rue des Trois-Chandelles, n° 22.

UNE VOIX *d'en haut*
Les deux cocottes !

CONRAD
Mon nom, mon adresse.

ANAÏS
Notre numéro.

CONRAD
Poursuivez, monsieur, poursuivez.

LE RÉGISSEUR, *lisant*
Polisson.

CONRAD
Il était inutile de recommencer.

LE RÉGISSEUR, *continuant*
Hier, à midi, dans mon boudoir, tu m'as promis pour ce soir un bracelet.

ANAÏS
Un bracelet dans son boudoir.

LA VOIX, *d'en haut*
Oh ! la la !

LE RÉGISSEUR, *continuant*
Et au lieu de me l'apporter j'apprends que tu es au spectacle avec ta pimbêche de femme.

ANAÏS
Pimbêche !

CONRAD
Anaïs ! calme-toi.

LE RÉGISSEUR
Faut-il continuer ?

CONRAD
Non.

ANAÏS
Si, continuez, monsieur, continuez. L'insulte est publique, je veux que la réparation soit publique aussi.

CONRAD
Soit ! mais je proteste.

LE RÉGISSEUR
Ta pimbêche de femme...

CONRAD
Mais ne recommencez donc pas.

LE RÉGISSEUR
Si tu n'es pas chez moi dans un quart d'heure, j'achète une contremarque et je vais t'arracher les yeux. — Amanda Beauchignon.

THÉOPHILE PINGOUIN, *à l'orchestre*
Amanda Beauchignon... vous avez promis un bracelet à Amanda Beauchignon ?

CONRAD
Moi, monsieur, sur ma parole d'honneur, je vous jure que je ne connais pas d'Amanda, que je n'ai jamais entendu parler de Beauchignon ; je le jure sur celui de mon épouse.

THÉOPHILE
Ah ! prenez garde, monsieur, cette femme est toute ma vie ; je sais qu'elle me trompe, mais son avenir en dépend. Mon rival est un Péruvien très-riche. Je ne lui permettrais pas un épicier.

CONRAD
Monsieur, un épicier vaut un Péruvien.

ANAÏS
Monstre, vous avouez.

CONRAD
Mais non.

THÉOPHILE
Justifiez-vous, monsieur, justifiez-vous !

CONRAD
Ah ! l'on veut que je me justifie, c'est facile. J'ai un alibi ; que dis-je, un alibi, j'en ai deux, deux alibis triomphants. Cette carte postale prétend qu'hier à midi j'ai promis un bracelet à cette demoiselle Amanda. Or, à midi, j'étais à l'exposition gastronomique, au Palais de l'Industrie ! même que je n'y ai rien compris. J'entre et je demande à un gardien : Pourquoi cette exposition ? il me répond : Avez-vous donné vos vingt sous. Oui, que je lui dis. Alors, ça suffit, vous n'avez pas besoin d'en savoir davantage. Et il me tourne les talons. Comme je n'avais pas besoin d'en savoir davantage, je me dis ; tiens, si j'allais chez mon avoué pour mon procès des haricots de Soissons.

LA VOIX
Voilà un procès qui fera du bruit.

CONRAD
Oh ! non... j'étoufferai l'affaire.

THÉOPHILE
Monsieur, tout ça ne me suffit pas ; vous détournez l'attention en nous contant un tas de balivernes. Je sais qu'Amanda me trompe, mais j'espère encore qu'elle n'aime que moi ; elle m'a dit que son Péruvien est un vieux daim.

AMAZAMPO, *dans une loge, à la dame qui l'accompagne*
Vieux daim !

AMANDA, *à Théophile*
Ça n'est pas vrai, je n'ai pas dit ça !

THÉOPHILE
Ciel, Amanda !

CONRAD et ANAÏS
Amanda !

AMAZAMPO
Vieux daim, caramba !

AMANDA
Mais non... (*A Théophile.*) Et d'abord, monsieur, vous êtes une canaille, attendu que vous prétendez me connaître et que c'est une imposture.

THÉOPHILE
Oh !

CONRAD
Et moi, madame, me connaissez-vous ?

AMANDA
Monsieur, je ne fréquente pas les singes.

CONRAD et ANAÏS
Les singes !

AMANDA
Ecrire que je reçois des bracelets d'un épicier, dire que je traite mon prétendant de vieux daim... vous n'en croyez rien, n'est-ce pas Amazampo ?

AMAZAMPO
Je n'en crois rien... si vous voulez... Mais la carte postale, comment l'expliquez-vous ?

ANASTASIE
C'est cette drôlesse d'Anastasie, qui est si jalouse de moi depuis qu'elle sait que j'ai un pied dans le Pérou. Elle n'avait prévenue qu'elle me jouerait un mauvais tour... et le voilà, c'est la carte postale... S'il est Dieu permis que la petite poste autorise de pareilles gredineries... Ah ! il faut que j'aille lui arracher les yeux.

AMAZAMPO
A la petite poste ?

AMANDA
Non ! à Anastasie !

CONRAD
Elle est superbe, cette femme-là.

AMANDA
Venez, mon ami, venez.

CONRAD, *sortant*
Il faut que je la voie de près.

(*Elle sort avec le Péruvien.*)

ANAÏS
Conrad ! où vas-tu ?

CONRAD
Attends, je reviens...

ANAÏS, *le suivant*
Conrad, Conrad... Ah ! je m'attache à tes pas.

THÉOPHILE, *qui a gagné la porte*
La retrouver ou mourir.

LA VOIX, *d'en haut*
C'est pas d'Anastasie, c'est de moi la carte postale, faut p...

(*Il sort ; on frappe les trois coups, le rideau se lève.*)

Le théâtre représente une galerie.

SCÈNE PREMIÈRE.

ARISTOPHANE, *seul.*

(Il est assis à une table sur laquelle sont déjà trois journaux. Il en tient un quatrième qu'il est en train de lire.) — (Approuvant ce qu'il lit.)

Parbleu! c'est évident. C'est sans réplique... Parfaitement raisonné! (*Cessant de lire.*) Quelle chose bizarre! Voilà quatre journaux, l'*Univers*, le *Rappel*, le *Pays* et le *Journal de Paris*; je viens de les lire tous quatre, et tour à tour je me suis écrié : Parbleu! c'est évident! C'est sans réplique. Parfaitement raisonné. J'ai trouvé que chacun d'eux avait raison, et pourtant pas un ne pense de même. Ce que l'un voit blanc, l'autre le voit rouge, le troisième vert et le quatrième tricolore, et ils ont tous raison quand on les lit :

AIR *de Madame Favart.*

Je sais qu'autrefois dans Athènes
Nous n'étions guère plus d'accord;
Des opinions par centaines,
Comme ici, nous divisaient fort.
Quand les partis étaient aux prises,
Nous livrant les mêmes combats,
Nous disions les mêmes sottises, } *Bis.*
Mais on ne les imprimait pas;

Heureusement que j'attends un journaliste qui doit me donner quelques explications, car en vérité... Quelqu'un... Ah! ce doit être lui...

SCÈNE II.

ARISTOPHANE, M. DE ***.

M. DE ***.

C'est au grand Aristophane que j'ai l'honneur de...

ARISTOPHANE.

C'est au célèbre Monsieur de Trois-Étoiles que j'ai moi-même celui de...

M. DE ***.

On m'a dit, cher et illustre maître, que vous étiez chez nous en mission extraordinaire.

ARISTOPHANE.

C'est vrai, et je vous avoue que de toutes les choses qui me surprennent à Paris, il n'en est pas une qui m'étonne davantage que le nombre de vos journaux.

M. DE ***.

Je comprends cela.

ARISTOPHANE.

J'ai voulu me faire une idée de leur polémique et en voici quatre que j'ai lus et qui, tous, tiennent un langage différent; ce que l'un approuve est désapprouvé par l'autre et le même fait se trouve apprécié par tous les quatre de quatre manières différentes.

M. DE ***.

Sans doute.

ARISTOPHANE.

Comment, sans doute?

M. DE ***.

Certainement, chacun juge les faits d'après son opinion.

ARISTOPHANE.

Très-bien; mais pour que le lecteur puisse connaître la vérité, il est donc obligé de lire ces quatre journaux.

M. DE ***.

Ce serait à le rendre fou. Non. Chaque lecteur ne lit que le journal de son opinion.

ARISTOPHANE.

Je ne comprends plus. Si je pense une chose absurde, j'ai besoin pour ne plus la penser qu'on me prouve qu'elle est absurde; et si je ne lis qu'un journal aussi absurde que moi, nous restons absurdes tous les deux.

M. DE ***.

C'est ce qui arrive à tout le monde.

ARISTOPHANE.

Par exemple, voilà un républicain lisant tous les jours le *Rappel*; il rencontre un royaliste lisant tous les jours l'*Univers*. Comment s'abordent-ils?

M. DE ***.

Ils ne s'abordent pas.

ARISTOPHANE.

Mais s'ils discutent ensemble.

M. DE ***.

Il ne se comprennent jamais.

ARISTOPHANE.

Alors à quoi servent les journaux? à les empêcher de se comprendre.

M. DE ***.

Oh! ceci est un problème insoluble.

AIR : *C'est la première du printemps.*

Notre journal est un flatteur
Que l'on reçoit à domicile
Et qui, des cancans de la ville,
Est le premier propagateur.

Sitôt que notre porte s'ouvre,
Le journal entre, en babillant,
Et le Parisien se trouve
Charmé d'apprendre, en s'éveillant,

Les accidents inattendus,
Les aventures arrivées,
Le nom des femmes enlevées
Et le nombre des chiens perdus.

Mais ce ne sont pas ces misères
Qui font l'intérêt des journaux;
Non, ce qui les rend nécessaires,
C'est qu'on les prend pour des flambeaux.

Ils semblent éclairer nos pas
Et donner par leur polémique
Une opinion politique
A tous les gens qui n'en ont pas.

Jamais dans le journal qu'il aime
L'abonné ne trouve aucun mal;
Il attend pour penser lui-même
Ce que pensera son journal.

Et le journaliste averti
Doit n'aimer qu'une seule chose,
Ne servir qu'une même cause
Et ne flatter qu'un seul parti.

Si bien que le journal trompette
Ce que le lecteur applaudit
Et que le lecteur ne répète
Que ce que son journal lui dit.

ARISTOPHANE.

Conclusion.

A distinguer le mal du bien;
En vain le bon bourgeois s'applique,
Et quand il parle politique,
Il comprend qu'il n'y comprend rien.

M. DE *** *effrayé.* — *A part.*

Qu'est-ce qu'il a dit là!... (*Haut.*) Pardon, grand maître, mais on voit que vous n'êtes pas de notre siècle. (*A part.*) Il est très-compromettant, ce gaillard-là. Il n'est pas dans le mouvement. (*Haut.*) Pardon! une affaire importante... mille excuses... je suis attendu. (*A part, en sortant.*) En voilà un que je vais éreinter.

ARISTOPHANE, seul.

Qu'a-t-il donc, on dirait que ma franchise lui déplaît. Diable ! prenons-y garde, il n'y avait pas de journaux de mon temps.

VOIX AU DEHORS.

Faites votre jeu, rien ne va plus.

ARISTOPHANE.

Qui m'arrive encore là ?

LA VOIX.

Pair, impair et passe.

ARISTOPHANE.

Tiens, le drôle de petit bonhomme.

SCÈNE III.

ARISTOPHANE, LE JEU, *costumé du Val d'Andorre.*

LE JEU.

Air : à prendre dans le *Val d'Andorre.*

J'apporte le jeu
Au joli Val d'Andorre,
Et sous ce ciel bleu
Il va renaître encore.
Faites votre jeu.

ARISTOPHANE.

Ah ! mon Dieu ! pauvre enfant, ça avez-vous donc ?

LE JEU.

Ah ! je n'ai pas de chance, monsieur !

ARISTOPHANE.

Mais qui êtes-vous ?

LE JEU.

Les uns m'appellent la roulette, les autres, le trente et quarante ; enfin, l'on me chasse de partout.

ARISTOPHANE.

La roulette, le trente et quarante... attendez donc... mais oui. — Dans un de ces journaux, je lisais... Malheureux, osez-vous bien...

LE JEU.

Ah ! vous allez vouloir me chasser aussi, vous.

ARISTOPHANE.

Certainement, un être dangereux, immoral...

LE JEU.

Oh ! pour dangereux, pour immoral, oui, ça c'est vrai ; je ne peux pas le cacher, je suis immoral et dangereux.

ARISTOPHANE.

On fait donc bien de vous chasser de partout.

LE JEU.

Non, ça c'est une bêtise.

ARISTOPHANE.

Comment, une bêtise ?

LE JEU.

Mais certainement. Je suis une passion humaine, et, en fin de compte, je ne suis ni plus immoral, ni plus dangereux que toutes les autres passions. L'amour a tué et ruiné plus d'hommes que moi. Le vin en a démoralisé et abruti beaucoup plus encore, et ça n'a jamais empêché les hommes de chanter.

(Chantant.)

Vive le vin ! vive l'amour !

Eh ! bien, moi, dont ils ne peuvent pas plus se passer que de femmes et de raisins, ils me chassent de partout, et partout où ils m'exilent je les vois arriver en foule ; seulement, ça leur coûte en plus les frais de voyage.

ARISTOPHANE.

Eh ! bien, ils ont raison encore, car, du moins, vous ne déshonorez plus leur pays.

LE JEU.

D'abord, je vous ferai remarquer que vous n'êtes pas poli ; ensuite, que vous venez de dire une seconde bêtise.

ARISTOPHANE.

Comment cela ?

LE JEU.

Vous croyez donc que je quitte les pays dont on me chasse. Comme roulette, c'est possible, et encore ! mais comme passion... Tenez, on a commencé par me chasser de Paris, trouvez-moi donc dans Paris un endroit où l'on ne joue pas.

ARISTOPHANE.

On y joue ?

LE JEU.

Oui. Le grand monde joue dans les cercles, le demi-monde chez des hétaïres, le quart de monde dans des tripots et le petit monde dans des cabarets.

ARISTOPHANE.

Eh ! bien, s'ils ont tort de jouer, ils ont raison du moins de se cacher pour cela.

LE JEU.

Troisième bêtise.

ARISTOPHANE.

Ah ! ça, de par Jupiter...

LE JEU.

Oui, troisième bêtise. — Quand on ne me cachait pas... ça valait mieux.

ARISTOPHANE.

Et pourquoi ?

LE JEU.

Air :

Il me fallait dans ce temps-là
Une boutique respectable,
Et je payais, apprends cela,
Une patente formidable.
Chez moi tous les joueurs venaient
Sans craindre de honteux scandales,
Et pour jouer ils n'inventaient
Ni tripots, ni maisons bancales.
Tout se passait loyalement,
Tous les gains étaient légitimes,
Et je faisais journellement
Autant d'heureux que de victimes.

Depuis, évitant les regards,
C'est dans l'ombre que l'on se glisse,
Et, pour dépouiller les jobards,
On se cache de la police.
L'amour, embrouillant les enjeux,
A plumer les pigeons s'exerce,
Et transforme en tripots honteux
Ma vieille maison de commerce.
Enfin, mon cher, sache le bien,
Il faut que la vapeur s'échappe,
Et l'on ne gagne jamais rien
A comprimer une soupape.
Pour le jeu soyez tolérant ;
Certes, le joueur est blâmable ;
Mais c'est en le persécutant
Que vous le rendez incurable.

ARISTOPHANE.

Tiens, tiens, tiens, mais tu ne plaides pas mal ta cause.

LE JEU.

Moralité. — On m'a chassé de Paris, on m'a chassé de Bade, on m'a chassé de Hombourg, on vient de me chasser de Spa, et je vais me fixer au Val d'Andorre, où viendront me trouver les joueurs de Spa, de Hombourg, de Bade et de Paris, et voilà tout ce que la morale y gagnera. Sur ce, ton serviteur (*Sortant.*) Faites votre jeu, messieurs, rien ne va plus. Rouge ! pair, impair et passe ! Faites votre jeu.

ARISTOPHANE, seul.

Ah ! ça, est-ce que décidément j'aurais dit trois bêtises ? Pour une fois que je défends les Parisiens, je n'ai pas de chance.

(Grand bruit à la cantonade.)

ARISTOPHANE, *qui est remonté.*

Oh! oh! qu'est-ce que tout ce monde?... Ah! pour des êtres joyeux, voilà des êtres joyeux.

SCÈNE IV.

ARISTOPHANE, UN BOURGEOIS, UN VIEUX MONSIEUR avec SA FEMME, UN TOURISTE et UNE FOULE DE VOYAGEURS *portant valises, sacs de voyage, colis de toute nature.* — *Quelques commissionnaires portant des caisses et des malles.*

CHŒUR.

AIR : *Bras dessus, bras dessous (Introduction de Madame Angot).*

Bras dessus, bras dessous,
En famille,
Ou tout seul, quand pour tous
Le ciel brille,
Oui, l'usage en est pris,
Il faut quitter Paris

Bras dessus, bras dessous,
Etc., etc.

ARISTOPHANE.

Comment, comment, quitter Paris... une émigration.

UN BOURGEOIS.

Émigration annuelle. Ah! dame, quand on a travaillé six mois d'hiver et trois mois de printemps et que l'été revient, que le soleil de juillet vous tape sur la coloquinte, on éprouve le besoin de changer de place.

LE VIEUX MONSIEUR.

Moi, monsieur, je ne prends que quinze jours, mais il me les faut. Je suis onze mois quinze jours à mon bureau, un bureau de l'état civil où, par parenthèse, cette année, j'en ai vu de drôles. Toutes les femmes et tous les maris venaient me redemander leur acte de mariage, excepté ceux et celles qui me priaient de ne jamais les retrouver... C'est très-amusant, mon bureau me plaît; mon bureau, voyez-vous, monsieur, c'est ma vie; mais il me faut quinze jours pour aller me tremper dans la mer, moi et mon épouse.

LA FEMME DU VIEUX MONSIEUR.

Moi, ça m'est ordonné, il me faut de l'eau salée.

LE VIEUX MONSIEUR.

C'est le voyage qui est salé.

ARISTOPHANE.

Ah! c'est aux bains de mer.

UN TOURISTE.

Les bains de mer, ah! parlez-moi de ça! De juillet en septembre, je ne comprends pas que l'on vive autre part que dans l'eau; je ne comprends même les poissons qu'à cette époque de l'année.

ARISTOPHANE.

Comment, vous vivez deux mois dans l'eau?

LE TOURISTE.

Trois mois.

ARISTOPHANE.

Trois mois, hors Paris.

LE TOURISTE.

Paris! mais personne ne reste à Paris l'été.

ARISTOPHANE.

Comment?

TOUS.

Personne.

LE TOURISTE.

L'été tout Paris est aux eaux.

ARISTOPHANE.

Aux eaux.

LE TOURISTE.

Ou en Suisse, sur les bords du Rhin, en Italie, mais surtout aux bains de mer.

ARISTOPHANE.

Vraiment!

TOUS.

Mais sans doute.

CHŒUR.

AIR : *Des conspirateurs (2ᵉ acte de Madame Angot).*

Quand le ciel brille,
Quand le soleil
Nous émoustille,
A son réveil;
Afin de prendre
Un nouvel air,
Il faut se rendre
Aux bains de mer.

(*On entend le son d'une cloche.*)

LE BOURGEOIS.

La cloche du chemin de fer.

TOUS.

En route.

ARISTOPHANE.

Ma foi, je n'étais ici que pour étudier Paris, et si tout Paris va aux bains de mer, suivons Paris.

REPRISE DU CHŒUR.

Bras dessus, bras dessous.
Etc., etc.

(*Sortie générale.*) — *Il fait nuit.*

Le théâtre change et représente des cabines au bord de la mer.

SCÈNE PREMIÈRE.

ARISTOPHANE, *seul.*

Drôles de gens. Je commence en effet à comprendre que pour étudier Paris, il est bon de le suivre où il va. Que d'intrigues, que de petites et de grandes passions vont chaque jour se tremper dans les flots de l'Océan... A vrai dire, ce sont à peu près les mêmes intrigues et les mêmes passions qui, de mon temps, se trempaient dans le Pirée.

SCÈNE II.

ARISTOPHANE, LA FEMME DE FEU.

LA FEMME DE FEU, *en costume de bains de mer, entrant échevelée. Elle parcourt le théâtre et aborde carrément Aristophane en lui disant :*

Monsieur, avez-vous vu mon mari?

ARISTOPHANE.

Votre mari, pardon, madame, mais...

LA FEMME DE FEU.

Pas mon premier, mon second.

ARISTOPHANE.

Votre second mari.

LA FEMME DE FEU.

Je crois qu'il vient de rencontrer mon amant.

ARISTOPHANE.

Ah! vous avez un premier, un second et un...

LA FEMME DE FEU.
Je n'aime que mon mari, monsieur.
ARISTOPHANE.
Comment, vous n'aimez que lui et vous le faites...
LA FEMME DE FEU.
Je suis la Femme de feu, monsieur.
ARISTOPHANE.
La Femme de feu !
LA FEMME DE FEU.
Ah ! vous ne me comprenez pas, personne ne me comprend.
ARISTOPHANE.
Pardon, mais ce titre que vous prenez.
LA FEMME DE FEU.
C'est le mien, monsieur. Car ce n'est pas du sang qui serpente dans mes veines, ce sont des flammes.
ARISTOPHANE.
De par Jupiter !
LA FEMME DE FEU.
Oui, des flammes, et je le prouve.

Air : *Elle est tellement innocente (Madame Angot).*

La mer devient phosphorescente
Quand je me baigne vers le soir,
Et dame, entre nous, il faut voir
Combien, alors, je suis charmante.
Oui, je suis tellement brûlante,
En moi sont tant de feux ardents
Que, sitôt que j'entre dedans,
Oui, l'eau devient phosphorescente.

2.

La mer devient phosphorescente.
Et comme, avec beaucoup d'esprit,
Je ne me baigne qu'à la nuit
En toilette fort transparente,
L'homme qui me voit indolente,
Qui voit les flots me ballottant,
Passe un moment bien heureux... quand
Quand l'eau devient phosphorescente.

ARISTOPHANE.
A quelle heure vous baignez-vous ?
LA FEMME DE FEU.
A la nuit, venez voir ça, monsieur, venez voir la Femme de feu.

SCÈNE III.
LES MÊMES, LA PRINCESSE GEORGES, également en costume de bains de mer.

LA PRINCESSE GEORGES, qui vient d'entrer.
La Femme de feu, c'est moi.
ARISTOPHANE et LA FEMME DE FEU.
Vous !
LA PRINCESSE GEORGES.
Oui, moi, la princesse Georges ! Je suis plus Femme de feu que vous ! Et je suis fidèle à mon mari, moi, et je n'ai jamais eu d'antre amoureux, moi ; mais c'est égal, le feu est en moi, je le sens qui pétille, mon cœur est un récipient qui ne contient que du vitriol.
ARISTOPHANE.
Et rendez-vous aussi la mer phosphorescente ?
LA PRINCESSE GEORGES.
Je ne sais pas, je n'ai jamais essayé, mais si je voulais !
LA FEMME DE FEU.
Je vous défie de brûler plus que je ne brûle.

SCÈNE IV.
LES MÊMES, LA FEMME DE CLAUDE, également en costume de bains de mer.

LA FEMME DE CLAUDE.
La véritable Femme brûlante, c'est moi, la Femme de Claude.
TOUS.
La Femme de Claude !
LA FEMME DE CLAUDE.
Oui, je suis la seule, l'unique Femme de feu. Ce n'est pas du sang qui coule dans mes veines, c'est du picrate de potasse.
ARISTOPHANE.
Oh ! la la !
LA FEMME DE FEU.
Pour épouser mon second mari, j'ai tué mon premier.
LA PRINCESSE GEORGES.
Moi, dans un accès de jalousie, j'ai failli poignarder mon époux.
LA FEMME DE CLAUDE.
Moi, j'ai été tuée par le mien.
ARISTOPHANE.
Et maintenant vous vous portez...
LA FEMME DE CLAUDE.
Pas mal et vous ?
ARISTOPHANE.
Et que fait-il donc, monsieur votre mari ?
LA FEMME DE CLAUDE.
Oh ! monsieur, c'est un être bien doux et un grand inventeur ; il invente des choses bien utiles, allez.
ARISTOPHANE.
Quoi donc ?
LA FEMME DE CLAUDE.
Des canons.
ARISTOPHANE.
Des canons ! pour son plaisir ?
LA FEMME DE CLAUDE.
Oui, monsieur, il passe toute sa vie à ça.
ARISTOPHANE.
Et il vous tue...
LA FEMME DE CLAUDE.
Dans ses moments perdus.
ARISTOPHANE.
Drôle de ménage... Ah ! de par Vénus ! je donnerais beaucoup pour savoir laquelle de vous trois est la plus incandescente.

SCÈNE V.
LES MÊMES, MARION DELORME, également en costume de bains de mer.

MARION DELORME.
La véritable Femme de feu, c'est moi, Marion Delorme.
TOUS.
Marion Delorme !
MARION DELORME.
Oui, des Femmes de feu, je suis la plus brûlante.
Jusqu'à quatre-vingts ans, c'est en femme galante
Que j'étonnai Paris du bruit de mes exploits,
Qu'avez-vous d'amoureux ? A peine deux ou trois.
Moi, j'en ai, dans mon temps, favorisé par mille.
J'en avais à la cour, j'en avais à la ville,
J'en avais chez le peuple et j'en avais aux champs.
Rien n'eût pu m'empêcher de suivre mes penchants.
Jamais de mes amours je n'ai fait un mystère.
Mon cœur fut un foyer de flammes, un cratère.
Dans mes veines, enfin, ce n'était pas du sang,
Mais de la lave en feu qui sortait d'un volcan.
ARISTOPHANE.
Ah ! par exemple, oui, la vraie Femme de feu, la voilà.
LES AUTRES.
Elle ! Dérision !
LA FEMME DE FEU.
La Femme de feu ne se reconnaît qu'au phosphore. (*A Marion*

Delorme.) Cette nuit, à dix heures, ose venir prendre ton bain dans la lagune.

MARION DELORME.

J'y serai.

LA PRINCESSE GEORGES.

Et moi aussi.

LA FEMME DE CLAUDE.

Et moi aussi.

ARISTOPHANE.

Et moi aussi.

LA FEMME DE FEU.

Au phosphore, mesdames ! au phosphore !

(Elles sortent.)

SCÈNE VI.

ARISTOPHANE, seul.

Ah ! de par toutes les déesses, je me promets de l'agrément pour dix heures.

AIR : Mon père était pot.

Je vis Phryné nageant jadis,
Adorable syrène ;
Je vis Aspasie et Laïs
Dans la mer Ionienne.
C'était charmant, mais
Je ne vis jamais
La mer phosphorescente.
Voyons si vraiment
La femme à présent
Est plus incandescente.

Au phosphore ! au phosphore !

(Il sort.)

Le théâtre change et représente la mer à perte de vue. — Il fait nuit et tout le théâtre est dans une obscurité complète.

SCÈNE PREMIÈRE.

ARISTOPHANE, seul.

Il est dix heures, me voilà. Ici, je serai très-bien placé. La mer devient houleuse, le flot grossit et de tous côtés je crois les entendre. Oui, elles approchent, et, en effet, je distingue déjà... Cachons-nous, observons, regardons.

SCÈNE II.

TOUTES LES FEMMES DE FEU, nageant.

CHŒUR.

En nous portant les flots proclament
Combien nous leur faisons d'honneur ;
En nous entourant, ils s'enflamment,
Pour témoigner de leur bonheur.
Ils s'illuminent, ils bouillonnent
Chaque fois qu'ils touchent à nous.
De ces flots qui nous environnent,
Que de mortels seraient jaloux
En nous portant, etc.

(Chaque femme a paru escortée de petits jets de flammes qui d'abord ne semblent que les suivre ; mais, à mesure qu'elles se rapprochent, les feux se multiplient, et bientôt les femmes nagent sur une mer enflammée.)

LE RIDEAU BAISSE.

ACTE III

Une salle en construction, des échelles appliquées aux murs, çà et là des ustensiles de maçons ; enfin, l'aspect d'une bâtisse. Au lever du rideau, des maçons, montés sur les échelles, travaillent avec ardeur ; d'autres gâchent du plâtre ; quelques-uns portent des fardeaux sur la tête.

SCÈNE PREMIÈRE.

LES MAÇONS, puis, ARISTOPHANE.

CHŒUR.

AIR : du Maçon.

Du courage,
A l'ouvrage,
Les amis sont toujours là !

UN PETIT GACHEUR.

Dire que tout ça, c'est des acteurs qui bûchent pour que leur théâtre ouvre plus vite.

ARISTOPHANE, entrant.

Où suis-je ? En passant sur le boulevard, j'ai vu une sorte de monument en construction ; j'y ai lu ces mots : *Le public n'entre pas ici...* et, précisément par cela même que l'on n'entrait pas, je suis entré.

UN MAÇON.

François Ier, un seau d'eau.

ARISTOPHANE.

François Ier !

WILLIAM, *traversant avec un fardeau sur la tête, à Aristophane*.

Gare, devant !

ARISTOPHANE, se dérangeant.

Pardon, un mot, monsieur le maçon !

WILLIAM.

Tout à votre service, monsieur.

ARISTOPHANE.

Veuillez me dire où je suis et quel est ce monument que vous élevez ?

WILLIAM.

Ce monument, c'est le nouveau théâtre de la Porte-Saint-Martin.

ARISTOPHANE.

Un théâtre !

WILLIAM.

Oui, un théâtre que l'on rebâtit. Et comme ça ne marche pas, nous, les anciens et les nouveaux acteurs, nous avons voulu, comme on dit, mettre la main à la pâte, pour toucher nos appointements.

ARISTOPHANE.

Vous êtes comédiens ?

WILLIAM.

Maçons pour le moment ; comédiens quand nous aurons construit le théâtre.

ARISTOPHANE.

C'est donc cela que vous appeliez François Ier l'un des vôtres.

WILLIAM.

Notre pièce d'ouverture est le *Roi s'amuse*, et le roi qui s'amuse, c'est François Ier.

ARISTOPHANE.

J'ai compris : vous vous appelez par les noms des personnages que vous devez représenter.

WILLIAM.
C'est cela même.

ARISTOPHANE.
Mais tout à l'heure, en passant près d'ici, j'ai vu tout à côté un autre théâtre nouvellement construit.

WILLIAM.
Oui, monsieur, la Renaissance, avec des cariatides fort décolletées au dehors, et à l'intérieur de l'or partout; vous ne vous figurez pas, monsieur, ce que l'on met d'or aujourd'hui dans les nouvelles salles de spectacle.

ARISTOPHANE.
Dans les salles?

WILLIAM.
Mais pardon, j'aperçois François Ier, et comme s'il me voyait il voudrait me répéter son rôle, je me la brise du côté de la buvette. Serviteur, monsieur.

(*Il sort.*)

ARISTOPHANE, *regardant François Ier qui entre.*
Comment! ce maçon, ce serait!... (*A François Ier.*) Pardon, monsieur, c'est vous qui devez représenter le roi François Ier dans le spectacle d'ouverture?

FRANÇOIS Ier.
Oui, monsieur, on m'a choisi à cause de mon physique.

ARISTOPHANE.
Oui, il y a quelque chose dans le nez.

FRANÇOIS Ier.
Et dans la noblesse, monsieur. Voulez-vous entendre ma scène d'amour?

ARISTOPHANE.
Avec joie... mais, auparavant, veuillez me dire s'il est vrai que les salles de spectacle soient dorées.

FRANÇOIS Ier.
Oui, certes; nous mettons de l'or partout, dans nos salles et dans nos pièces. Souvent un seul ouvrage coûte 200,000 francs à monter.

ARISTOPHANE.
200,000 francs! Quelle différence avec le théâtre ancien! A Athènes, on avait aussi des salles de spectacle: le théâtre de Vénus, le théâtre de Bacchus... Ils étaient immenses... Comme plafond, le ciel... — La scène était tout simplement une estrade de marbre blanc. — Pas de décors, pas de sommes folles dépensées en peintures... et les pièces ne coûtaient presque rien...

AIR : *Mais nous avons tous deux le nom.*

Certes, je m'en souviens encor
Pour l'avoir lu dans ses annales,
On préférait mettre plus d'or
Dans les caisses que dans les salles.
Le public était indulgent
Quand les auteurs savaient, en Grèce,
Avant d'y mettre de l'argent,
Mettre de l'esprit dans leur pièce.

TRIBOULET. (*Mélangue.*)
De l'esprit... qui est-ce qui parle d'esprit?... c'est du génie... du génie, qu'il nous faut.

ARISTOPHANE.
Quel est celui-ci?

FRANÇOIS Ier.
Triboulet! mon fou.

ARISTOPHANE.
Le fou du roi, oh! un grotesque... un savant.

TRIBOULET.
Un savant!... (*Déclamant.*)

Il n'est pas d'animal,
Il n'est pas de cerbeau, pas de loup, pas de chouette,
Pas d'oison, pas de bœuf, pas même de poète,
Pas de mahométan, pas de théologien,
Pas d'échevin flamand, pas d'ours, pas de chien
Plus laid, plus chevelu, plus repoussant de formes,
Plus caparaçonné d'absurdités énormes,
Plus hérissé, plus sale et plus gonflé de vent
Que cet âne bâté qu'on appelle un savant.

ARISTOPHANE.
Bravo!

FRANÇOIS Ier.
Motus! v'là notre ancien.

ARISTOPHANE.
Oh! oh! quel est ce patriarche?

SALTABADIL. (*Frédérick-Lemaître.*)
Patriarche! oui, monsieur, mais tout patriarche que je suis je n'ai pas vu construire d'ancien théâtre que nous rééditions; mais que de beaux jours il me rappelle! On avait mis six semaines à le construire; mais nos ouvriers sont moins vifs; aussi l'impatience nous a gagnés, et moi-même j'ai voulu me mettre à l'œuvre... Ah! dame, après avoir contribué à la gloire de l'ancien, je veux saluer l'aurore du nouveau.

AIR :

C'était ici mon foyer, ma famille,
Ce souvenir ne s'est point effacé.
Pour vous, enfants, c'est l'avenir qui brille,
Et c'est pour moi le reflet du passé.
Tout mes succès, je les vois apparaître
Et je me crois encore à ce beau temps,
Et quand je vois mon théâtre renaître,
Oui, j'ai vingt ans, oui, j'ai toujours vingt ans. | *Bis.*

ARISTOPHANE.
C'est ainsi que parlent les vrais artistes.

(*On entend la cloche.*)

UN MAÇON.
Ah! l'heure de la répétition.

LES MAÇONS, *descendant des échelles.*

CHŒUR

AIR : *Au pommier.*

Répétons, répétons (*bis*),
En scène, mes amis, répétons en maçons.
Répétons, répétons (*bis*).
Et dès demain matin nous retravaillerons.
A l'œuvre, mettons-nous, à l'œuvre, commençons,
Sans plus tarder, amis, répétons, répétons.

ARISTOPHANE, *à lui-même en allant se placer à l'avant-scène.*
Quelle ardeur!

UN MAÇON.
Par quoi commence-t-on?

SALTABADIL.
Par ma scène de Saltabadil, si vous le voulez bien.

FRANÇOIS Ier.
Pardon, c'est que les scènes d'ensemble des seigneurs ne marchent pas du tout.

UN AUTRE MAÇON.
Eh bien! et la mienne?

QUELQUES VOIX.
Non, ma scène!

D'AUTRES VOIX.
La mienne!

ARISTOPHANE.
Ils ne s'entendent pas très bien.

SALTABADIL.
Le second acte n'a jamais été répété.

TRIBOULET.
Oui, le second acte.

FRANÇOIS Ier.
Ah! saperlotte, nous n'avons pas de souffleur.

ARISTOPHANE.
Voulez-vous que je le remplace?

TOUS.
Vous, monsieur?

ARISTOPHANE.
Pourquoi pas? Cela me donnera l'occasion d'apprécier votre littérature.

TRIBOULET.

Très-volontiers.

FRANÇOIS 1er.

Voici la brochure !

ARISTOPHANE.

En ce cas, commencez, messieurs. Nous disons... acte II scène 1re... nous y voilà... Triboulet et Saltabadil.

TRIBOULET.

Nous entrons par la droite...
          (Il simule son entrée.)
Ce vieillard m'a maudit.

SALTABADIL.

Monsieur.

TRIBOULET.

Ah ! je n'ai rien.

SALTABADIL.

Je ne demande rien, monsieur, fi donc !

TRIBOULET.

C'est bien !

SALTABADIL.

Monsieur me juge mal, je suis homme d'épée.

TRIBOULET.

Est-ce un voleur ?

SALTABADIL.

Monsieur a la mine occupée.
Je vous vois tous les soirs de ce côté *rôder*.
Vous avez l'air d'avoir une femme à *garder*.

TRIBOULET.

Diable ! je ne dis pas mes affaires aux autres.

SALTABADIL.

Mais, c'est pour votre bien qu'on se mêle des vôtres.
Si vous me connaissiez...

UN VOITURIER.

V'là les sacs de plâtre.

TOUS.

Ah ! sapristi.

LE VOITURIER.

La voiture attend rue de Bondy.

TOUS.

Aux sacs de plâtre.

REPRISE DU CHŒUR.

(Ils sortent tous.)

ARISTOPHANE, seul.

Singuliers comédiens. Ah ! c'est égal, ils m'ont rappelé mes beaux jours. Nous ne construisions pas nos salles de spectacle, mais c'était la même gaîté, la même insouciance. Ces artistes sont partout et de toute éternité les mêmes. Encore un nouveau théâtre, et ici, entre ces quatre murs, bientôt de nouveaux ouvrages. Ah ! le génie dramatique ne cessera-t-il jamais de planer sur le monde...

(Ici le fond s'ouvre et le génie répond en paraissant.)

LE GÉNIE.

Jamais !

SCÈNE III.

ARISTOPHANE, LE GÉNIE DRAMATIQUE.

ARISTOPHANE.

Air :

Se peut-il ?...

LE GÉNIE.

Oui, c'est moi.
C'est moi ton ancien génie,
Celui de la comédie
Qui fit tant parler de toi.

ENSEMBLE.

ARISTOPHANE.

Se peut-il, quoi, c'est toi !
C'est toi, mon ancien génie,
Celui de la comédie
Qui fit tant parler de moi.

LE GÉNIE.

Me voilà, oui, c'est moi.
Etc., etc.

LE GÉNIE.

Eh ! bien, mons Aristophane, te voilà dans nos théâtres et je sais que depuis que tu observes Paris, ses habitants, leurs usages, leurs mœurs, leurs lois, leur langage t'ont quelque peu surpris.

ARISTOPHANE.

Sans doute, et pourtant je t'assure qu'au fond, plus je gratte le Parisien et plus je retrouve l'Athénien.

LE GÉNIE.

C'est égal, si l'on te disait de faire aujourd'hui une comédie sur ce que tu as observé ?...

ARISTOPHANE.

Une comédie. Oh ! Dieu, ce ne serait pas difficile.

LE GÉNIE.

Tu crois ?

ARISTOPHANE.

J'en ferais dix, j'en ferais trente !

LE GÉNIE.

En vérité !

ARISTOPHANE.

C'est le peuple qui, par ses idées, par ses coutumes, par ses ridicules, prête le plus à la satire.

LE GÉNIE.

D'accord, mais enfin, si tu avais à le peindre.

ARISTOPHANE.

AIR :

Ah ! si j'avais à peindre cette époque,
Pour commencer, au but j'irais tout droit,
Et monsieur...

LE GÉNIE.

Chut ! en France un nom nous choque,
Nommer les gens, on n'en a pas le droit.

ARISTOPHANE.

Soit, mais moins libre, on me verrait plus traître,
Et sans nommer aucun individu.
Adroitement je ferais reconnaître...

LE GÉNIE.

Non, car cela te serait défendu.

ARISTOPHANE.

Diable !... N'importe, en critiquant les fastes
Des intrigants si bons à signaler,
J'attaquerais leurs titres et leurs castes.

LE GÉNIE.

Mais, de beaucoup, on ne peut pas parler.

ARISTOPHANE.

Que faire alors... Ah ! voilà que j'y pense,
Pour les méfaits qu'ils commettent toujours,
J'attaquerais les hommes de finance.

LE GÉNIE.

Malheureux ! l'or est le roi de nos jours.

ARISTOPHANE.

Ou je ferais contre les nouvellistes
Un grand ouvrage en quinze ou vingt tableaux
Intitulé : *Messieurs les Journalistes*.

LE GÉNIE.

Mais insensé ! Songe donc aux journaux.

ARISTOPHANE.
Eh bien, au peuple, à ce roi populaire,
Sans le flatter, ma voix s'adresserait,
Je lui dirais ce qu'il a tort de faire.

LE GÉNIE.
Le peuple alors, mon cher, te sifflerait.

ARISTOPHANE.
Mais les auteurs de vos pièces nouvelles,
De ces dangers sont-ils donc occupés?

LE GÉNIE.
Aucun ne sort des femmes infidèles,
De la cocotte et des maris trompés,
Et, même encor, sans désigner personne;
Car, au théâtre, ami, sache-le bien,
On peut parler, dans les pièces qu'on donne,
De tout, pourvu que l'on ne dise rien.

ARISTOPHANE.
Ah! je conviens que cela me contamne,
Qu'à mon théâtre il ne faut plus rêver,
Et que chez vous un autre Aristophane
Serait vraiment difficile à trouver.

ARISTOPHANE.
Ah! de par Apollon, je serais curieux de connaître les nouveaux ouvrages dramatiques.

LE GÉNIE.
Il est même étonnant que tu n'aies pas commencé par là.

ARISTOPHANE.
Est-il trop tard?

LE GÉNIE.
Non, et je vais te présenter quelques-uns de ces ouvrages. Inutile de t'en faire connaître les détails. Je veux, en peu d'instants, te faire juger de leur valeur, et pour te convaincre que nos théâtres ne ressemblent en rien à ceux que tu as connus; je commence par t'initier aux pérégrinations des pièces dramatiques et des artistes qui les représentent!

Le théâtre change et représente une route quelconque. On lit sur un poteau: Route du Succès.

SCÈNE PREMIÈRE

ARISTOPHANE, LE GÉNIE, L'AIEULE, DALILA, CARTOUCHE, LA POULE AUX ŒUFS D'OR, LA DAME AUX CAMÉLIAS, *tous avec un baluchon, puis* CHOPPART.

CHŒUR.
Air: *Bon voyage.*

Bon courage,
Partons en chœur,
Avec ardeur
Mettons-nous en voyage.
Bon courage,
Il faut, mes amis,
Nous emparer des scènes de Paris.

ARISTOPHANE.
Ah! mon Dieu, quel salmigondis de costumes.

CARTOUCHE.
Ah! dame, nous arrivons un peu de tous les côtés. Les uns quittent la rive droite pour la rive gauche, d'autres quittent la rive gauche pour la rive droite, en un mot c'est à qui des pièces et des acteurs changera le plus souvent de théâtre.

ARISTOPHANE.
Et pourquoi cela?

CARTOUCHE.
Parce que les théâtres manquent de pièces et d'acteurs.

ARISTOPHANE.
Comment, ils manquent de pièces et d'acteurs! mais je me suis laissé dire qu'il y avait à Paris neuf cents auteurs dramatiques.

CARTOUCHE.
Ça ne fait rien, on ne joue toujours que les mêmes pièces.

LE GÉNIE.
Et toujours les plus vieilles.

ARISTOPHANE.
Et les acteurs manquent aussi?

CARTOUCHE.
Oh! il n'en manque pas non plus, mais on ne voit jamais que les mêmes.

LE GÉNIE.
Et toujours les plus vieux.

ARISTOPHANE.
Pourquoi ça?

CARTOUCHE.
Parce que nous sommes des étoiles.

ARISTOPHANE.
Des étoiles.

CARTOUCHE.
Oui, il y a aujourd'hui des acteurs et des étoiles; les acteurs restent en place, et les étoiles filent.

ARISTOPHANE.
Ah! vous êtes des étoiles filantes!

DALILA.
Air: *On n' doit plus renouveler.*

Oui, monsieur, c'est cela,
Et moi, traversant la ville,
Je vais du Vaudeville
Aux Français montrer *Dalila*.

L'AIEULE.
Moi, *l'Aïeule*, un sinistre ouvrage,
Que l'Ambigu mit en renom,
Je vais aussi de l'Odéon
Affronter le voyage.

LA DAME AUX CAMÉLIAS.
Moi *Dame aux camélias*,
Du Vaudeville une bocase,
Me conduit au Gymnase,
Où sauront briller mes appas.

CARTOUCHE.
Moi, *Cartouche*, pour faire école,
La Gaîté n'étant pas mon fait,
C'est en volant au Châtelet,
Au succès que je vole.

LA POULE AUX ŒUFS D'OR.
Moi, *la Poule aux œufs d'or*,
Au Cirque j'en ai fait faire.
A la Gaîté j'espère
Longtemps pondre et répondre encor.

CHOPPART, *entrant.*
Moi, mes petits enfants, je vais partout où l'on a besoin de moi; quand un directeur ne sait plus où donner d'la tête, y m'dit: « Ici Choppart! Fais-moi faire de l'argent, monsieur. » Et moi de répéter à la Gaîté comme à l'Ambigu, à l'Ambigu comme à la Gaîté... « A votre service mon p'tit bourgeois. »

LE GÉNIE.
Il est vrai que sa vogue est intarissable.

CHOPPART.

Impossible de résister à mon organe enchanteur... Ecoutez-moi ça: (*Imitation.*) « Puisque Courriol a mangé le morceau, etc. »

(La tirade ad libitum.)

REPRISE ENSEMBLE.

Sans adieu, nous partons.
Avec zèle et bon courage
Mettons nous en voyage,
Au succès nous arriverons.

(Ils sortent tous.)

ARISTOPHANE.

Mais tous ces personnages, dont je comprends peu l'existence nomade, ne me font rien connaître des ouvrages de vos jours.

LE GÉNIE.

Eh bien, pour te donner tout de suite une idée du genre à la mode, je vais te montrer la dernière opérette des Bouffes-Parisiens... la *Rosière d'ici.*

SCÈNE II.

LES MÊMES, FANFARE.

AIR :

Mes enfants, je suis, oui-dà !
La Rosière !
J'en suis fière ;
On m'adore, on m'adorera,
Tant que je chanterai comm' ça.

ARISTOPHANE.

Tiens, mais je l'aime assez, cette petite bonne-là.

FANFARE.

Bonne, Oh ! oui, monsieur, que je suis bonne, heureusement pour ma pièce.

ARISTOPHANE.

Est-ce qu'elle ne le serait pas, bonne, elle ?

FANFARE.

Oh ! c'est pas qu'elle soit mauvaise ; certainement qu'en la voyant on n'peut pas dire v'là une mauvaise pièce, attendu qu'on ne voit pas de pièce du tout... Quand on me fait jouer maintenant, le directeur se dit : Voilà la petite chose, j'vas lui donner trois chansons à chanter, elle empaumera le public en lui chantant ça à sa manière et y n'en faut pas plus.

ARISTOPHANE.

Bah ! trois chansons suffisent.

LE GÉNIE.

Pas davantage.

ARISTOPHANE.

Cependant, j'ai lu dans un journal, qu'on vous a un peu...

LE GÉNIE.

Ah ! dame ! entre nous, prendre pour rosière l'héroïne de la *Timbale.*

ARISTOPHANE.

Mais enfin, cette pièce, je voudrais la connaître et surtout l'une de ces chansons que vous avez une manière à vous de chanter.

FANFARE.

Eh bien, je veux vous raconter ma pièce sur l'air de l'une de mes chansons.

ARISTOPHANE.

C'est ça.

FANFARE.

Ça fera d'une pierre deux coups... Attention !

AIR : *Quand le militaire il s'envole* (*Rosière*).

Supposez un' petite bonne
Pauvre d'ćous, riche d'appas ;
Supposez aussi qu'on lui donne
Toutes les vertus d'ici-bas ;
Supposez qu'on lui fasse même
Chanter des airs avec tambours battants.
Voilà c' qu'on aime, c' qu'on aime, c' qu'on aime,
Voilà c' qu'on aimera longtemps.

2

La pièce est des plus singulières,
Là, dans ce champêtre tableau,
On trouve jusqu'à deux rosières,
Et dame, aux Bouffes, c'est nouveau.
Mais, en me f'sant changer d' système,
Je conserve mes mots piquants.
Et c'est c' qu'on aime, c' qu'on aime, c' qu'on aime,
Et c'est ce qu'on aim'ra longtemps.

3

Enfin, si ma pièce nouvelle
Manque, par-ci par-là, d'attraits,
Heureusement qu' j'en ai pour elle
Et qu' l' public, dès que j' parais,
Accueille avec un' joie extrême
Ma p'tit' personne, et mes gracieux chants.
Voilà c' qu'il aime, c' qu'il aime, c' qu'il aime,
Voilà c' qu'il aimera longtemps !

(Elle sort.)

ARISTOPHANE.

Eh bien, je le répète, j'aime assez, moi, cette petite bonne-là, et je la prendrais bien pour ma domestique.

LE GÉNIE.

A propos de domestique...

ARISTOPHANE.

Quoi donc ?

LE GÉNIE.

J'en ai un à te présenter.

(On entend un bruit de sonnette.)

SCÈNE III.

LES MÊMES, JOSEPH.

JOSEPH, *entrant.*

Monsieur m'a sonné ?

ARISTOPHANE.

Pas du tout, mon ami, non... ce n'est pas moi !

JOSEPH.

Monsieur excusera mon erreur, alors !

(Il va pour sortir.)

LE GÉNIE.

Tu le laisses partir ?

ARISTOPHANE.

Mais je ne le connais pas, moi, cet esclave ?

LE GÉNIE.

Les *Sonnettes*, du théâtre des Variétés.

JOSEPH, *se retournant.*

Monsieur m'a appelé ?

ARISTOPHANE.

Non ; mais puisque vous êtes là, dites nous n'importe quoi.

JOSEPH.

Je veux bien, monsieur!.. mais... sans courir la poste... lentement... à mon aise; parce que, voyez-vous, je prends des temps, moi, monsieur!...

ARISTOPHANE.

Un domestique... il faut toujours que ça prenne quelque chose.

JOSEPH.

Je suis quelquefois deux minutes avant de dire un mot... mais comme c'est dit, monsieur!... comme c'est dit!...

ARISTOPHANE.

Et le public vous attend?

JOSEPH.

Il jubile, il se dit : Attendons, nous allons voir; et quand je parle, ça l'étonne, et il rit, surtout quand je lui raconte l'histoire de la berline jaune; en voilà une histoire que je fais attendre... Vous ne connaissez pas l'histoire de la berline jaune?

ARISTOPHANE.

J'avoue que je n'ai pas ce bonheur-là.

JOSEPH.

Je vais vous la raconter, l'histoire de la berline jaune... mais sans courir la poste . lentement... parce que je prends des temps, moi, monsieur!...

ARISTOPHANE.

Vous l'avez déjà dit!

JOSEPH.

Je suis marié, monsieur... à une petite créature charmante, pas plus haute que ça, mais vive... emportée... jalouse...

ARISTOPHANE.

Pardon, est-ce que madame votre épouse prend aussi... des temps?...

JOSEPH.

Oui monsieur, elle m'imite; c'est historique.

ARISTOPHANE.

Elle a raison.

JOSEPH.

C'est mon opinion.

ARISTOPHANE.

Donc, l'histoire de la berline jaune...

JOSEPH.

Faut vous dire qu'il y a dans la pièce un chien qui ne paraît pas et un comte qui ne paraît pas non plus.

ARISTOPHANE.

Bien, mais la berline.

JOSEPH.

Pour lors, une Anglaise, qui ne paraît pas davantage, se trouve être amoureuse de moi. Ça se comprend, ça, n'est-ce pas?

ARISTOPHANE.

Bien, mais...

JOSEPH.

La comtesse, qui ne paraît qu'à la fin de la pièce, pour traverser les deux pièces qui sont sur le théâtre, est jalouse de son mari, qui ne paraît pas du tout, mais qui paraît la tromper dans la coulisse.

ARISTOPHANE.

Mais la berline.

JOSEPH.

Pour lors, le chien, qui ne connaît pas l'Anglaise, qui ne connaît pas le chien non plus, choisit le moment où ma femme va promener le chien, pour se promener avec moi, pendant que le comte, qui est sorti pour se promener aussi, est suivi par la comtesse, qui a quitté ma femme en lui laissant son chien.

ARISTOPHANE.

Et l'histoire de la berline?...

JOSEPH.

Mais le chien, qui suit ma femme pendant que la comtesse suit le comte et que je suis l'Anglaise...

ARISTOPHANE.

Vous êtes l'Anglaise?

JOSEPH.

Je ne le suis pas. Je la suis.

LE GÉNIE.

Et vous ne jouez que ça dans la soirée?...

JOSEPH.

On joue aussi le *Tour du Cadran*.

LE GÉNIE.

Ah! ma foi, vous avez bien tort, car en allongeant un peu les *Sonnettes*, vous pourriez faire le tour du cadran.

ARISTOPHANE.

Ah! assez d'Anglaise, de chien, de comte et de comtesse. Si nous passions à autre chose?

JOSEPH.

A autre chose... (*Otant sa redingote et apparaissant dans le costume de Marcassou des Braconniers.*) Autre chose, voilà.

ARISTOPHANE.

Qu'est-ce que cela?

JOSEPH.

Marcassou, des *Braconniers*.

AIR : *La femme est un être fragile (Braconniers.)*

Moi le garçon le plus tranquille,
Au moment de me marier,
Me voilà, par un imbécile,
Sans pouvoir le nier,
Pris pour un braconnier.
Le vrai braconnier prend ma place
Près de ma femme et soudain'ment
En prison faut que je l' remplace;
Quand tout à coup, fort heureus'ment,
L' braconnier s' révèle,
C'est un' demoiselle,
Jeune, tendre et belle.
On me prend pour elle,
On m' cajole, et là-d'ssus,
Personne n' s'entend plus.
Tout est stratagème,
C'est un long poème
Bâti sur un thême
Où l' public lui-même
Tout en écoutant bien,
Ne comprend rien.

(*Il sort.*)

ARISTOPHANE, *au génie.*

Et toutes ces pièces sont des succès?

LE GÉNIE.

Non, pas précisément.

(*On entend un coup de tam-tam.*)

ARISTOPHANE.

Qu'est-ce que cela?

LE GÉNIE.

Ah! j'oubliais... un des grands succès de l'année! *Second coup de tam-tam; entre Fulbert.*)

SCÈNE IV.

Les Mêmes, FULBERT (*imitation de Milher*).

FULBERT.

Abélard! c'était Abélard! (*Ici, la scène mimée de Fulbert dans Héloïse et Abélard.*) (*Sortie de Fulbert.*)

SCÈNE V.

ARISTOPHANE, LE GÉNIE, puis LA REVUE EN RETARD (*imitation de Brasseur et de Gil Pérez dans* Tricoche et Cacolet).

ARISTOPHANE, *au Génie, en parlant de Fulbert.*

Qu'est-ce qu'il a dit?

LE GÉNIE.

Oh! c'est tout un poëme!...

ARISTOPHANE.

Et, maintenant, que vas-tu me montrer?

LE GÉNIE.

Veux-tu voir une revue?

ARISTOPHANE.

Qu'est-ce qu'une revue?

LE GÉNIE.

C'est un genre assez à la mode: c'est une pièce dans laquelle on montre généralement à un imbécile toutes les nouveautés parisiennes.

ARISTOPHANE.

Mais alors, moi, qui ne fais pas autre chose que de rechercher les nouveautés parisiennes, je ressemble donc aux imbéciles des revues?

LE GÉNIE.

Oh! toi, c'est plus sérieux!

ARISTOPHANE.

Oui... mais c'est la même chose! Enfin, n'importe!... Voyons.

LE GÉNIE.

Justement le Palais-Royal vient de donner sa revue de fin d'année... au mois d'avril. (*Étendant sa baguette.*) Là Revue en retard!

CACOLET, *entrant en criant.*

Eh bien! non, je ne la jouerai pas, votre scène d'ivrogne!

LE GÉNIE.

Oh! oh! Cacolet qui s'insurge!

CACOLET.

Oui, que je m'insurge! et il y a de quoi. Après m'avoir fait jouer un voyou dans *Tricoche et Cacolet*, on veut aussi me faire jouer un ivrogne dans la *Revue en retard*. Ah bien, non! j'en ai assez! j'aime mieux suivre le conseil de Tricoche, qui m'a dit en partant: (*Imitation de Brasseur.*) Viens donc avec moi, ma vieille; pousse-toi de l'air du côté d'un département quelconque, je te piloterai!... (*Revenant à l'imitation de Gil-Pérez.*) Oui, qu'y m'piloterait!... Il l'a dit et il le ferait!... Lui aussi, on a voulu le faire jouer dans la *Revue en retard*, mais il a dit au directeur: (*Voix de Brasseur.*) Je ne joue pas dans ces machines-là, moi! L'été, je me cavale en province ous que je joue le grand répertoire! (*Voix de Gil Pérez.*) Et je vais le retrouver!.. (*En sortant.*) Garçon! une gomme chaude!... J'vas faire un beuillard! (*Il sort.*)

ARISTOPHANE.

Il est très-distingué, ce monsieur! (*Au Génie.*) Mais tout cela ne me dit pas grand chose!

LE GÉNIE.

Veux-tu voir le plus grand succès du jour?

ARISTOPHANE.

Je ne demande pas mieux!

LE GÉNIE.

Eh bien! regarde! écoute! admire!

SCÈNE VI.

Les Mêmes, LA MÈRE ANGOT, *costume de sultane ridicule, participant du costume de poissarde.*

LA MÈRE ANGOT.

AIR :

De la fille Angot
J'suis la mère (*bis*).
Et la mère Angot,
Quell' commère (*bis*).
En fait d' femme comme il faut,
Voilà la mère Angot.
Oh! oh! oh! (*bis.*)
Place à la mère Angot!

ARISTOPHANE.

Qu'est-ce que c'est que cette caricature-là?

LA MÈRE ANGOT.

Caricature! Mais voyez donc c't'échappé de Charenton qui sans façon m'parle sur ce ton d'rodomont, avec ses mollets d'coton, son nez de carton et son air de cornichon! Ce que je suis, mon fiston? j'suis *la Mère Angot*; j'arrive du sérail de Constantinople, ous que le grand Turc a z'évu des bontés pour moi. Fallait l'voir me j'ter le mouchoir pour pouvoir me roucouler sur le soir ce que t'as pas besoin de savoir. — Mais v'là c'musulman qui dernièrement m'apprend en folichonnant qu'à Paris maint'nant on n'parle que d'mon enfant comme en 1700 on n'parlait que de sa maman; qu'j'ai z'une fille qu'est si gentille qu'elle émoustille tous ceux qu'elle entortille, qui s'habille, frétille, s'tortille et babille comme pas une de sa famille. Ah! minute, que je dis à mon mamamouchi, j'taime bien, mon chéri, mais'n, i, ni, c'est fini, j'pars d'ici et j'vas à Paris retrouver les amis. — Et sur ça, j'prends mes falbalas, j'membarque à Marmara sur un navire à Moustapha, j'plante là mon pacha, j'traverse le cap Baba, les îles Psara, de Nicaria et de Thernica, je passe devant Rocella, devant l'Etna, et cœtera, et me v'là.

ARISTOPHANE.

De par Vesta, comme elle vous dégoise ça!

MADAME ANGOT.

On m'a dit qu'ma fille unique tenait boutique aux Folies-Dramatiques ous qu'elle attire la pratique par son physique, son jeu scénique et sa jolie musique... et c'te boutique, y faut qu'on m'l'indique.

CLAIRETTE, *en dehors.*

C'est bien à l'île de Calypso, attendez-moi.

MÈRE ANGOT.

Ah! justement, v'là une je ne sais quoi qui va m'dire ça... (*Arrêtant Clairette qui traverse.*) Halte-là, on ne passe pas.

CLAIRETTE.

Ah ! qu'est-ce que c'est que ça ?

MÈRE ANGOT.

Ça !

CLAIRETTE, riant.

Ah ! ah ! ah ! ah !

MÈRE ANGOT.

Jour du ciel !

CLAIRETTE.

AIR : *Mais voyez donc c't' ingénuité* (2e acte).

Où donc qu' j'ai vu ce nez pointu,
Ce front bombé, c' menton crochu,
C'te grande bouche et ces p'tits yeux
Qui semblent s' disputer entre eux ?
Voyez donc c' turban colossal,
Et c' costume de carnaval.
N' dirait-on pas d'un casaquin,
Qu'on aurait mis sur un mannequin.
Ah ! si quelqu'un, au Mont d' Piété,
Voulait porter ç't' antiquité.
Je répondrais, sur mes vertus,
Qu'on n' lui prêt'rait pas deux sous d'sus.
Ici peut-être.
Je le dis sans micmac,
Afin de mieux paraître
Ce qu'elle me semble être,
Elle serait à mettre
Sur un pot à tabac.

MÈRE ANGOT.

Mais voyez donc cette Gothon,
Ce chien coiffé, cet avorton ;
C'est p'tit, c'est minc', c'est mal fichu,
Ça n'a ni bras, ni jambes, ni... rien ;
Ça veut se payer de toupet
Pour aboyer comme un roquet,
Et même en se hissant d' son long,
Ça n' vous mordrait pas au talon.
Ah ! mes amis, r'gardez-la donc ;
C'est comm' la poupée à Jeann'ton.
C'est droit, c'est plat, ça n'a d' montant,
Ni par derrièr', ni par devant.
Quelle aiguille !
Ce n'est qu'à la façon,
Dont mad'moiselle s'habille,
Et dont elle babille,
Qu'on voit si c'est un' fille,
Ou si c'est un garçon.

CLAIRETTE.

Qu'ai-je entendu, ce langage m'éclaire,
Ce ne peut être que ma mère.

MÈRE ANGOT.

Ma fille ! un ange plein d'appas.

ENSEMBLE.

Ah ! dans mes bras, oui, dans mes bras.

ENSEMBLE.

MADAME ANGOT.

Pour la mère Angot,
Quelle chance (*bis*) !
Entre nous, il faut
D' la ressemblance (*bis*).
Oh ! oh ! oh ! (*bis*).
Vive la fille Angot !
Oh ! oh ! oh ! (*bis*).
Gloire à la fille Angot !

CLAIRETTE.

Pour la fille Angot,
Quelle chance (*bis*) !
Entre nous, il faut
D' la ressemblance (*bis*).
Oh ! oh ! oh ! (*bis*).
Vive la mère Angot !
Oh ! oh ! oh ! (*bis*).
Vive la mère Angot !

(*Elles sortent, bras dessus, bras dessous.*)

LE GÉNIE.

Eh bien ! qu'en dis-tu ?

ARISTOPHANE.

Vo'là, en effet, un genre de littérature qui n'était pas connu à Athènes.

SCÈNE VII.

LES MÊMES, UN MESSAGER *fantastique*.

LE MESSAGER.

Le nommé Aristophane ?

ARISTOPHANE.

C'est moi...

LE MESSAGER.

Un télégramme.

(Il remet le télégramme et sort.)

ARISTOPHANE.

Un télégramme... Ah ! par exemple, de l'Empyrée et signé Sophocle. (*Lisant.*) Revenir tout de suite, ou place à toi prise par Esope. — De par Jupiter, mais il y a loin d'ici à l'Empyrée, et je n'avais commandé Pégase que pour demain.

LE GÉNIE.

Eh bien, c'est à moi de remplacer Pégase.

(Bruit de tous les côtés.)

(Le théâtre change en même temps que tous les personnages de l'acte entrent de tous côtés. — On aperçoit l'Empyrée. — Décor de fantaisie. — Personnages de toutes les époques.

VAUDEVILLE.

(Chœur des acteurs rentrant dans le dernier décor.)

AIR : de *tous les vaudevilles*, final de revue.

Accourons tous,
Et trouvons-nous,
Sur le chemin d'Aristophane,
En fustigeant tous les travers,
Son esprit plane
Sur l'univers.

ARISTOPHANE, *au public*.

Quand de Paris on me rappelle, hélas !
Quand je retourne au sein de l'Empyrée...

LE GÉNIE.

Que l'indulgence accompagne ses pas,
Si sa mémoire est encore honorée.

MÈRE ANGOT.

Air : *Ah! c'est donc toi, madame Barras.*

Ah! c't' étourneau qu'est-c' qu'y chant' là.

FILLE ANGOT.

Attends, fiston, ça n'est pas ça.

MÈRE ANGOT.

C' que tu dis là c'est d' l'ancien jeu.

FILLE ANGOT.

V'la c' qu'y faut dire, attends un peu.

MÈRE ANGOT, *au public.*

Ah! c'est donc toi, monsieur l' public,
Toi qui passes pour un loustic.

FILLE ANGOT.

Eh bien, mon vieux, c'est le moment,
De nous procurer d' l'agrément.

MÈRE ANGOT.

T'aurais beau blaguer. c'te pièc'-là!
Tu n'en ferais pas un' comm' ça.

FILLE ANGOT.

D'ailleurs c'est connu d'puis longtemps :
Les gens d'esprit sont indulgents.

ENSEMBLE.

Les gens d'esprit claquent à tour de bras ;
Ils se tiennent tranquilles,
Ne sont pas difficiles.
Y n'y a qu' les imbéciles
Qui n'applaudissent pas.

(Tous les acteurs en scène, Aristophane compris, s'adressant au public.)

Les gens d'esprit claquent à tour de bras.
Ils se tiennent tranquilles, etc.

FIN.

Paris. — Typographie Walder, rue Bonaparte, 44.

FRANCE DRAMATIQUE. — PIÈCES EN VENTE.

- Abbaye de Castro (l'), drame, 5 a.
- Abbé de l'épée (l'), drame 5 a.
- Abbé Galant (l') vaudev., 2 a.
- Agamemnon, tragédie, 5 a.
- Aline Patin, vaudeville, 3 a.
- Aline, reine de Golconde, op.-c. 3a.
- Alix ou les deux Mères, drame 5 a.
- A minuit, drame, 3 a.
- Amant bourru (l'), c. 3 a. en vers.
- Ambassadrice (l'), op.-com., 3 a.
- Aimé en peine (l') opéra, 2 a.
- Amour (l'), com.-vaud., 3 a.
- Amour à la maréchale, (l'), v., 1 a.
- André Chénier, dr., 3 a.
- Angèle, drame, 5 actes.
- Angéline vaudeville, 1 a.
- Angélus (l'), drame, 5 a.
- Anglaises pour rire (les), v., 1 a.
- Anneau de la Marquise (l'), v., 1 a.
- Antipodes (les), vaud., 1 a.
- Antony, drame, 5 a.
- Apparition (l'), op. 2 actes
- Argentine, vaud., 2 a.
- Aristocrates (les), com., 5 a. en v.
- Article 213 (l') vaud. 1 a.
- Assemblée de Famille (l'), c. 5 a., env.
- Attellane (l') Ballet
- Auberge des Adrets (l'), dr., 3 a.
- Avant pendant et après, p. 3 a.
- Avocat et sa cause (l'), c., 1 a., env.
- Avoué et le Normand (l'), v., 1 a.
- Babiole et Joblot, v., 2 acte
- Bains à domicile, (les) vaud., 1 a.
- Bambochеur (le), vaud., 1 a.
- Barbier de Séville (le), op.-c., 4 a.
- Barbier de Séville, gr.-op.
- Barcarolle (la), opér-com., 3 a.
- Bayadères de Pithiviers (les), v, 3 a.
- Béatrix, drame, 4 a.
- Beau-Père (le) vaud., 1 a.
- Bélisario, vaud., 2 a.
- Belle aux cheveux d'or(la), féе., 4 a.
- Belle Bourdonnaise (la), com., 3 a.
- Belle Écaillère (la), drame, 3 a.
- Belle et la Bête (la), vaud., 2 a.
- Belle-Mère et le Gendre (la) c., 3 a.
- Belle Sœur (la), com., 2 a.
- Bénéficiaire (la), vaud., 5 a.
- Benvenuto Cellini op.
- Bertrand l'horloger, c-vaud., 2 a.
- Bertrand et Raton, com., 5 a.
- Betty, opéra
- Biribi le Mazourkiste, vaud., 1 a.
- Bobèche et Galimafré, parade 3 a.
- Bohémiens (les), dr. 5 a.
- Bœuf gras (le), vaud., 2 a.
- Bohémienne de Paris (la), dr. 5 a.
- Bonhomme Job (le), vaud., 3 a.
- Bonaparte à l'école de Brienne, drame 5 actes
- Bon Ange (le), vaud., 3 a.
- Bon moyen (le), com.-vaud.
- Bonnes d'enfants (les), vaud., 1 a.
- Bouffe et le tailleur (le) op.-c. 1 a.
- Boulangère à des écus (la), v., 2 a.
- Bouquetière, op., 1 acte
- Bourgeois de Gand (le), dr., 5 a.
- Bourgeois grand seigneur (le), c. 3 a.
- Bourgmestre de Saardam (le) v., 2 a.
- Bourru bienfaisant (le), c. 3 a.
- Branche de chêne (la), dr. 5 a.
- Brasseur de Preston (le), op.-c. 3 a.
- Brigitte, drame, 3 a.
- Brodequins de Lise (les), v., 1 a.
- Brueys et Palaprat, com., 1 a.
- Bruno le fileur, vaud., 2 a.
- Brutus, vaud., 1 a.
- Budget d'un jeune ménage (le) v., 1 a.
- Bureau de placement (le) v. 2 a.
- Cabinets particuliers (les), v. 1 a.
- Cadet Roussel et Cⁱᵉ, 3 a.
- Cachucha (la), vaud., 1 a.
- Cagliostro, op.-com., 3 a.
- Caleb de Walter-Scott (le), c. 5 a.
- Camaraderie (la), c. 5 a.
- Camarade de lit (le), v. 2 a.
- Camarades du Ministre (les), 1 a.

- Camp des Croisés (le), drame, 5 a.
- Canaille (la), vaud., 3 a.
- Candinot, roi de Rouen, v. 2 a.
- Capitaine Charlotte (la), v., 2 a.
- Caporal et la Payse (le), v., 1 a.
- Carnavage, drame, 3 a.
- Carlin à Rome, vaud., 1 a.
- Carlin de la marquise (le) v. 2 a.
- Carlo Beati, vaud., 3 a.
- Carmagnola, op., 2 a.
- Carte à payer (la) vaud. 1 a.
- Carte blanche (la) com., 1 a.
- Cartouche, drame 3 a.
- Casimir ou le Commis, v. 2 a.
- Catherine ou la croix d'or, v., 2 a.
- Catherine II, tragédie, 5 a.
- Catherine Howard, dr. 5 a.
- Célibataire, et l'Hom. marié (le) c. 3 a.
- Céline la créole, dr. 5 act.
- Cendrillon, opéra-féerique 3 a.
- C'est encore du bonheur, v., 3 a.
- C'est Monsieur qui paye, v., 1 a.
- C'était moi, drame, 2 a.
- Chalet (le), op.-com., 1 a.
- Changement d'uniforme (le), v. 1 a.
- Chanoinesse (la), v., 1 a.
- Chansons de Béranger (les), v., 1 a.
- Chantre et Choriste, v, 1 a.
- Charlatanisme (le), v. 1 acte
- Charles VII, trag. 5 a.
- Chasse aux maris (la), v., 3 a.
- Chatte métamorphosée, op.-c. 1 a.
- Chêne du roi (le), tr. 5 a.
- Chevalier du Temple (le), dr., 5 a.
- Chevilles de maître Adam (les) c. 1 a.
- Chiffonnier (le), c. v. 5 a.
- Ci-devant jeune homme (le) v. 1 a.
- Citerne d'Albi (la), dr., 3 a.
- Clermont ou une Fem. d'Art., v. 2 a.
- Clotilde, dr., 5 a.
- Cocarde tricolore (la), v., 2 a.
- Code et l'Amour (le), vaud., 1 a.
- Code noir (le), op.-com., 3 a.
- Coffre-fort (le), vaud., 1 a.
- Coiffeur et le Perruquier (le) v. 1 a.
- Coin de rue (le), vaud., 1 a.
- Colonel (le), vaud., 1 a.
- Comédiens (les), com., 5 a. vers
- Comité de bienfaisance, c. 1 a.
- Comte de Morcerf (le) d. 5 a.
- Comte Ory, op., 2 a.
- Comtesse d'Altemberg, dr., 5 a.
- Confident (le), v. 1 acte
- Conteur (le), com., 3 a.
- Contrebasse (la), vaud., 1 a.
- Convenances d'argent (les), c. 3 a.
- Correctionnelle (la), v. 1 acte
- Couleurs de Marguerite, v. 2 a.
- Course à l'héritage, com., 1 a.
- Courte-Paille (la), vaud., 3 a.
- Cousin du ministre (le), v., 1 a.
- Cousin du roi (le), vaud., 2 a.
- Couturières (les), vaud., 1 a.
- Couvent de Tonnington, dr. 3 a.
- Cuisinières (les), vaud.,
- Dagobert ou la Culotte f. vers
- Dame blanche (la) op.-com. 3 a.
- Dame de Pique (la), op.-c., 3 a.
- Dame de St-Tropez (la), dr. 5 a.
- Daniel de tambour v., 3 a.
- Débardeur (le), vaud., 2 a.
- Défiance et Malice, com., 1 a.
- Delphine, com., 2 a.
- Démence de Charles VI, tr., 5 a.
- Demoiselle à marier (la), v., 1 a.
- Dépit amoureux (le) v., 2 a.
- Dernier Amour (le) vaud., 3 a.
- Dernier Banquet rev. 3 a.
- Dernier Figaro (le), com. 5 a.
- Dernier Marquis (le), vaud., 1 a.
- Dette à la Bamboche, co.-v., 2 a.
- Deux anglais (les), c. 3 a.
- Deux Compagnons du tour v. 2 a.
- Deux Dames au violon, v., 1 a.
- Deux Edmond (les), v., 3 a.
- Deux Favorites, v., 2 a.
- Deux Forçats (les), dr., 3 a.
- Deux Frères (les), com., 5 a.

- Deux Gendres (les), com., 5 a.
- Deux Jaloux (les), op.-c. 1 a.
- Deux Maris (les) v., 1 a.
- Deux Ménages (les), com., 3 a.
- Deux Normands, v., 1 a.
- Deux Papas très bien, v., 1 a.
- Deux sergents, dr. 3 a.
- Deux Sœurs (les), dr., 3 a.
- Deux Systèmes (les), v., 1 a.
- Deux vieux garçons, v., 1 a.
- Deux Voleurs (les), op.-c., 1 a.
- Diable amoureux (le) ballet
- Diable à Quatre (le), v., 3 a.
- Diable Boiteux (le) op.
- Diamants de la cour (les), op.-c., 3 a.
- Diégarias drame, 5 actes.
- Diogène, drame 5 actes
- Diplomate (le), c., 3 a.
- Dix (les), op.-com., 1 a.
- Dix ans de la vie d'une fem. d., 5 a.
- Docteur Robin (le), v., 1 a.
- Dominique ou le Possédé, c., 3 a.
- Domino noir (le), op.-c., 3 a.
- Don César de Bazan, dr., 5 a.
- Don Juan d'Autriche, c., 5 a.
- Don Pasquale, op.-bouffe
- Don Sébastien de Portugal, op. 5 a.
- Don Sébastien de Portugal, tr. 5 a.
- Duc d'Olonne, op.-c., 3 a.
- Duel et le Déjeuner (le), v., 1 a.
- Duchesse de Marsan, dr., 5 a.
- Eau merveilleuse (l'), op.-c. 2 a.
- Eclair (l'), op.-com., 3 a.
- Ecole des Vieillards (l'), c., 5 a.
- Economies de Cabochard et Sous clé 1 a.
- Ecorce russe et cœur Français, v.
- Edouard et Clémentine, v., 3 a.
- Elève de Saumur (l'), v., 1 a.
- Elle est folle, v., 3 a.
- Embarras du choix (l'), v., 1 a.
- Endymion, v.
- Enfant chéri des dames, v., 1 a.
- Enfant de giberne (l'), dr., 5 a.
- Enfant du régiment (l'), d., 5 a.
- Enfant prodigue (l'), gr.-op., 5 a.
- Enfant trouvé (l') com., 3 a.
- Enfants d'Edouard (les) tr., 3 a.
- Enseignement mutuel (l'), v., 1 a.
- Entre l'arbre et l'écorce, v., 1 a.
- Espion du grand monde (l') dr. 5 a.
- Espionne russe (l'), v., 3 a.
- Est-ce un rêve ? v., 2 a.
- Estelle, vaud., 1 a.
- Etourdis (les), com., 3 a.
- Eustache, vaud., 1 a.
- Facteur (le), drame, 5 a.
- Famille de l'Apothicaire (la), v., 1 a.
- Famille Glinet (la), com., 3 a.
- Famille improvisée (la), v., 1 a.
- Famille Riquebourg (la), v., 1 a.
- Fanfan le bâtonniste, v., 2 a.
- Fanchon la vielleuse, c. 3 a.
- Fаublas, vaud., 3 a.
- Fausse clé (la), drame 5 actes
- Faute d'un pardon, drame. 5 a.
- Favorite (la), opéra, 4 a.
- Femme de 40 ans (la), c., 3 a.
- Femme jalouse (la), c. 3 a. vers.
- Ferme de Bondy (la), vaud., 4 a.
- Festin de Pierre (le), c. 5 a. en v.
- Feu Peterscott, v., 2 a.
- Fiancée (la) op.-c., 3 a.
- Fille de Dominique (la), v., 1 a.
- Fille d'honneur (la), com., 5 a.
- Fille du Cid (la), tr., 3 a. en 5.
- Fille du musicien (la), dr., 5 a.
- Filles sans dot (les), com., 3 a.
- Fille du tapissier (la), v., 3 a.
- Fille d'un voleur (la), vaud., 1 a.
- Fin du monde (la), rev., 1 a.
- Floridor le choriste, v., 3 a.
- Foire St.Laurent (la), arlequinades
- Folle de la Cité (la), dr., 5 a.
- Frascati, vaud., 3 a.
- Fra-Diavolo, op.-com., 3 a.
- Françoise et Francesca, v., 2 a.
- Frédégonde et Brunehaut, tr.
- Frère et mari, op.-com., 1 a.

Gabrina, drame, 3 a.	1 »	Legs (le), c. 1 a.	50	Michel et Christine, vaud., 1 a.	»
Gamin de Paris (le), vaud., 2 a.	1 »	Léonide, com.-vaud., 3 a.	2 »	Michel Perrin, vaud., 2 a.	»
Gardeuse de dindons (la), v. 3 a.	1 »	Léonore dr., 1 a.	2 »	Mil sept cent soixante, c., 1 a.	1 »
Gardien (le), vaud., 2 a.	1 »	Le..ne, dr.-vaud., 3 a.	1 »	Mina, opéra-comique, 3 a.	»
Gaspardo le pêcheur, dr., 5 a.	1 »	List. de mes Maîtres (la), v. 1 a.	1 »	Miracle des roses, féerie	»
Gendre d'un millionnaire (le), c. 5 a. 1	»	Livre III, chapitre 1er, com., 1 a.	»	Misanthrope et l'Auvergnat (le) v.1 a.1	»
Général et le Jésuite (le), dr., 5 a. 3	»	Lorgnon (le), vaud.	»	Moiroud et Compagnie, v., 1 a.	»
Geneviève la blonde, v.	»	Louis XI, trag., 5 a.	»	Moïse, opéra, 4 a.	»
Georges et Maurice, v., 2 a.	»	Louise, ou la Réparation, v. 2 a.	1 »	Mon coquin de Neveu, v., 1 a.	»
Georges et Thérèse c. v., 2 a.	2 »	Louise de Lignerolles, dr., 5 a.	»	Monsieur Chapolard, v., 1 a.	»
Glenarvon ou les Puritains, dr. 5 a. 1	»	Lucie de Lammermoor, op., 2 a.	1 »	Monsieur Jovial, v. 2 a.	»
Grâce de Dieu (la), dr., 5 a.	1 »	Lucile, drame, 3 a.	1 »	Monsieur Loriot, v. 2 a.	»
Grand papa Guérin, c, v. 2 a.	1 50	Lune de miel (la), vaud., 2 a.	1 »	Monsieur Sans-Gêne, v., 2 a.	»
Grande Dame (la), dr., 5 a.	1 »	L'une pour l'autre, com., 1 a.	»	Monte-Christo, dr. 5 a. A. Dumas 1	»
Guerre des servantes, dr., 5 a.	1 »	Lune rousse (la), vaud., 1 a.	»	Mon voisin d'omnibus, v., 1 a.	1 50
Guido et Ginevra, op., 5 a.	»	Luxe et Indigence, com. 5 a.	1 »	Mousquetaires (les), drame, 5 a.	1 »
Guillaume Colmann, dr., 5 a.	2 »	Machabées (les), dr., 4 a.	1 »	Mousse (le), vaud., 2 a.	»
Guillaume Tell, gr.-op., 4 a.	1 »	Maçon (le), op.-com. 3 a.	1 »	Les moyens dangereux c. 5 a.	2 »
Gustave III, ou le Bal, g.-o. 5 a.	1 »	Madame Barbe-Bleue, v., 2 a.	1 »	Muette de Portici (la), opéro, 5 a. 1	»
Héloïse et Abeilard, dr., 5 a.	1 »	Madame de Brienne, dr., 2 a.	»	Mystères de Paris (les), d., 5 a.	1 »
Henri Hamelin, com., 3 a.	»	Madame de Lucenne, com., 3 a.	1 »	Mystères de Passy (les), parodie	
Henri III et sa cour, dr., 5 a.	1 »	Madame de Sévigné, c., 3 a.	1 »	en 11 tableaux.	1 »
Héritage du mal (l'), dr., 4 a.	1 »	Madame Duchâtelet, v, 1 a.	»	Nanon, Ninon et Maintenon, v. 3 a. 1	»
Héritier (l'), com., 5 a.	»	Mme Gibou et Mme Pochet, v. 1 a.	»	Napoléon, v., 9 tableaux.	1 »
Héritière (l'), vaud., 1 a.	»	Madame Grégoire, v., 1 a.	»	Naufrage de la Méduse (le) o.-c. 4 a. 1	»
Héritiers ou le Naufrage (les), 1 a.	1 »	Mademoiselle de Belle-Isle c. 5 a.	1 »	Naufrageurs (les) drame, 4 a.	1 »
Héroïne de Montpellier (l'), dr. 5 a. 1	»	Madame Lavalette, dr., 2 a.	1 »	Neige (la), opéra-com., 4 a.	»
Heur et Malheur, vaud., 1 a.	»	Mademoiselle Bernard, v., 1 a.	1 »	Nicolas Nickleby, v., 1 a.	»
Hochet d'une Coquette (le), v. 1 a.	1 50	Mademoiselle Clairon, v., 2 a.	1 »	Ninon chez Mme de Sévigné, o.-c. 1 a. 1	»
Homme au masque de fer (l') d. 5 a. 1	»	Mademoiselle d'Aloigny, v. 1 a.	1 »	Nizza de grenade, opéra, 3 a.	»
Homme aux 30 écus (l') v 1 a.	1 »	Mademoiselle de Choisy, v. 3 a.	1 »	Nisida, Ballet	»
Homme blasé (l'), v., 2 a.	»	Mlle de Mérange, op.-c. 1 a.	»	Noces de Gamache, op. bal.	»
Homme de soixante ans (l'), v., 1 a.	1 »	Mademoiselle Desgaroins, v., 1 a.	»	Noceurs (les) dr. 3 a.	2 »
Homme gris (l'), com., 2 a.	»	Mademoiselle Rose, com., 3 a.	1 »	Noémie, vaud., 2 a.	»
Homme de paille (l'), vaud., 1 a.	1 »	Ma fem. et mon parapluie, v., 1 a.	»	Norma (la), tra. 5 a.	1 »
Homme proposé (le), c. 3 a.	»	Magas. de graine de lin (le) v. 1 a.	»	Norma, opéra, 3 a.	1 »
Honorine, vaud, 3 a.	1 »	Main de fer (la), op.-c., 3 a.	1 »	Nouveau Pourceaugnac (le) v., 1 a. 1	»
Hôtel garni (l), c. 1 a.	2 »	Maison en loterie (la), v., 1 a.	1 50	Nouveau Seigneur, op.-c. 1 a.	»
Huguenots (les), gr.-op., 5 a.	1 »	Maître de chapelle (le), op.-c. 1 a.	1 »	Nouvelle Héloïse (la), dr., 3 a.	1 »
Humoriste (l'), vaud., 1 a.	»	Maîtresse de poste (la), v., 1 a.	1 »	Nouvelles d'Espagne (les), c., 1 a.	1 »
Hussards de Felsheim (les), v., 3 a.	1 »	Maître chanteur (le), op.-c.	1 »	Nuées (les), com., 2 a.	2 »
Idiote (l'), drame, 3 a.	»	Malheurs d'un Amant heureux (les)		Nuits du meurtre (la) dr. 5 a.	1 50
Image (l'), vaud., 1 a.	1 »	vaudeville, 2 a.	»	Obstacle imprévu (l'), com., 1 a.	»
Incendiaire (l'), drame, 3 a.	1 50	Malheurs d'un joli garçon (les)		Œil de verre (l'), vaud., 1 a.	1 »
Inconsolables (les) c. v. 1 a.	2 »	vaud., 1 a.	1 50	Œuvres d'Horace (les), com., 1 a.	1 »
Indépendants (les), com., 3 a.	»	Mal noté dans le quartier, v. 1 a.	»	Ogresse (l'), vaud., 1 a.	»
Industriels et Industrieux, rev. 3 a. 1	»	Malvina, vaud., 2 a.	1 »	Oiseaux de Boccace, vaud., 1 a.	1 »
Infortunes de M. Jovial (les), v. 3 a. 1	»	Manon ou un épisode de la fronde		Oncle Baptiste (l'), vaud, 2 a.	»
Intérieur des Comités révolution-		vaud., 2 a.	»	Oncle de Normandie, com., 3 a.	2 50
naires, com., 1 a.	1 »	Mansarde des artistes (la), v., 1 a. 1	»	Oscar, com. 3 a.	»
Isabelle de Montréal, dr., 2 a.	1 »	Mansarde du crime (la), v., 1 a.	»	Othello, opéra, 3 a.	»
Jacquot, vaud., 1 a.	»	Mantille (la), op.-c., 1 a.	1 »	Oura et le Pacha (l'), vaud., 1 a.	1 »
Jarretières de ma fem. (les) v. 1 a.	2 »	Marché de Londres (le), dr., 5 a.	1 »	Orfa, op. ballet	»
Jaspin, vaud., 1 a.	»	Marguerite, op.-c., 3 a.	1 »	Ouverture de la chasse (l') v., 1 a.	1 50
Jean, vaud., 3 a.	1 »	Mari à la campagne (le), c., 3 a.	1 »	Ouvriers (les), vaud., 1 a.	2 »
Jean de Bourgogne dr. 3 a. en v.	1 »	Mari de sa cuisinière (le) c. 3 a.	»	Ozaï, op. ballet	»
Jean de Paris, op.-c. 2 a.	2 »	Mari de ma femme (le), c., 3 a.	1 »	Pacte de famine (le), dr., 5 a.	»
Jean Lenoir, vaud., 3 a.	1 »	Mari et l'Amant (le), c. 1 a.	»	Panier fleuri (le), op.-c., 1 a.	»
Jeanne drame. en 6 parties	2 »	Mariage d'argent (le), com., 5 a.	1 »	Paquerette, vaud., 1 a.	»
Jeanne d'Arc, trag., 5 a. en v.	1 »	Mariage de raison, v., 2 a.	»	Paquita, Ballet	2 »
Jeanne d'Arc, dr. national	1 »	Mariage extravagant (le), v., 1 a. 1	»	Parleur éternel (le), c. 2 a.	1 »
Jeanne d'Arc à Rouen dr. 3 a.	1 »	Mariage impossible (le), v., 2 a.	1 »	Part du diable (la), op.-c., 3 a.	1 »
Jeanne et Jeanneton, v., 2 a.	1 »	Marie, op.-com., 3 a.	1 »	Passé minuit, vaud., 1 a.	»
Jeannot et Colin op.-c 1 a.	1 »	Marie Jeanne, drame, 5 a.	1 »	Passé midi, folie, 1 a.	»
Je connais les femmes, c. v. 1 a.	2 »	Marie Michon, v., 2 a.	2 »	Passion secrète (la), com., 3 a.	»
Jésuite (le), dr., 3 a.	3 »	Marie Mignot, v., 3 a.	1 50	Pauvre Idiot, dr., 5 a.	»
Jeu de l'amour (le) v. 3 a.	60	Marie ou le Dévouement, dr. 3 a.	1 »	Pauvre Jacques, dr.-vaud., 1 a.	1 »
Jeune femme colère (la) c., 1 a.	1 »	Marie Stuart, trag., 5 a.	»	Paysan perverti (le), d., 3 a.,	»
Jeune Mari (le), com., 3 a.	1 »	Marie de Rohan, opéra, 3 a.	»	Paysans (les), dr., 5 a.	»
Jeunesse de Henri IV, c. 3 a.	1 »	Marie Stuart, opéra, 5 a.	»	Peau d'âne, féerie	»
Jeunesse de Luther (la), dr. 1 a.	2 »	Marino Faliero, trag., 5 a.	1 »	Péché et pénitence, v., 2 a.	»
Jeunesse de Richelieu (la), c. 5 a. 1	»	Maris sans femmes (les), v. 1 a.	1 »	Pénitents blancs (les), v., 2 a.	»
Joconde, op., 3 a.	»	Maris vengés (les), vaud., 5 a.	1 »	Père de la débutante (le), v., 5 a.	»
Joseph, op.-com., 2 a.	1 »	Marius à Minturnes, trag., 5 a.	»	Père Pascal (le), dr., 3 a.	»
Journée d'une jolie fem., v., 1 a.	»	Marquis de Branoy, v., 5 a.	»	Perinet Leclerc, dr., 5 a.	»
Judith, vaud., 2 a.	1 »	Marquis de Carabas, v., 1 a.	»	Permission de 10 heures (le),	
Judith, trag., 5 a.	1 »	Marquise de Rantzau, v., 2 a.	1 »	op.-com., 3 a.	1 »
Juif errant (le), gr.-op., 5 a.	1 »	Marraine (la), vaud., 1 a.	»	Perruquier de la Régence (le),	
Juive (la), gr.-op., 5 a.	1 »	Martyrs, opéra.	»	Petit Homme gris (le), v., 1 a.	»
Jumeaux Béarnais (les), dr., 4 a.	1 »	Mazaniello, opéra-com., 4 a.	1 »	Petit Chaperon rouge (le), 3 a.	1 »
Justice de Dieu (la), dr., 5 a.	1 »	Mathilde, drame, 5 a.	»	Petites Danaïdes (les), 3 a.	3 50
Kettly ou Retour en Suisse, v. 1 a.	1 »	Mathilde, parodie, 3 a. en vers	»	Peur du tonnerre (la) v. 1 a.	»
Kiosque (le), op.-com., 1 a.	1 »	Médisant (le), com., 4 a.	»	Phare de Bréhat (le), v., 5 a.	»
Lac des Fées (le), gr. op., 5 a.	»	Mémoires d'un colonel de hussards,		Philanthropes (les), com., 3 a.	»
Lady Seymour, v., 1 a.	1 »	vaudeville, 1 a.	»	Philippe vaud., 1 a.	»
Laitière de la forêt (la), v., 2 a.	1 »	Ménestrel (le), c. 5 a. en vers	1 »	Philippe II, op. 3 a.	»
Laitière de Montfermeil (la), v. 5 a. 1	»	Mère au bal et la Fille à la Mai-		Philtre champenois (le), v., 1 a.	1 »
Lambert-Simnel, op.-com., 3 a. 1	»	son (la), vaud., 2 a.	»	Philtre (le), op., 2 a.	1 »
Landaw (le), vaud., 1 a.	1 »	Mère et la Fille (la), dr., 5 a.	1 »	Phœbus ou l'Écrivain public.	1 »
Latréaumont, dr. 5 a.	1 »	Mère de famille, v., 1 a.	»	Picaros et Diégo 1 a.	»
Latude, drame 5 a.	1 »	Michel C... p.. dr...	»	Pie voleuse, dr. 3 a.	1 »
Lazare le pâtre, dr., 5 a.	1 »			Pie voleuse op.-c.	»

www.ingramcontent.com/pod-product-compliance
Lightning Source LLC
Chambersburg PA
CBHW060517050426
42451CB00009B/1030